山东省宏观经济研究院资助出版

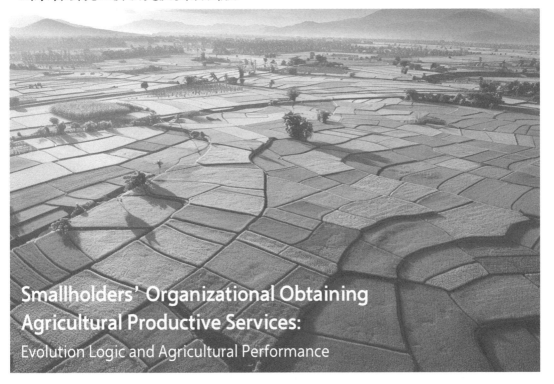

Smallholders' Organizational Obtaining
Agricultural Productive Services:
Evolution Logic and Agricultural Performance

小农户组织化获取
农业生产性服务：
演进逻辑与农业经营绩效

徐勤航 ◎著

中国财经出版传媒集团

经济科学出版社
Economic Science Press
·北京·

图书在版编目（CIP）数据

小农户组织化获取农业生产性服务：演进逻辑与农业经营绩效 / 徐勤航著. -- 北京：经济科学出版社，2024.12. -- ISBN 978 - 7 - 5218 - 6089 - 4

Ⅰ. F326.6

中国国家版本馆 CIP 数据核字第 2024Z9T098 号

责任编辑：初少磊　尹雪晶
责任校对：靳玉环
责任印制：范　艳

小农户组织化获取农业生产性服务：演进逻辑与农业经营绩效
XIAONONGHU ZUZHIHUA HUOQU NONGYE SHENGCHANXING FUWU：
YANJIN LUOJI YU NONGYE JINGYING JIXIAO

徐勤航　著

经济科学出版社出版、发行　新华书店经销
社址：北京市海淀区阜成路甲 28 号　邮编：100142
总编部电话：010 - 88191217　发行部电话：010 - 88191522
网址：www. esp. com. cn
电子邮箱：esp@ esp. com. cn
天猫网店：经济科学出版社旗舰店
网址：http：//jjkxcbs. tmall. com
北京联兴盛业印刷股份有限公司印装
710 × 1000　16 开　13.25 印张　205000 字
2024 年 12 月第 1 版　2024 年 12 月第 1 次印刷
ISBN 978 - 7 - 5218 - 6089 - 4　定价：55.00 元
（图书出现印装问题，本社负责调换。电话：010 - 88191545）
（版权所有　侵权必究　打击盗版　举报热线：010 - 88191661
QQ：2242791300　营销中心电话：010 - 88191537
电子邮箱：dbts@ esp. com. cn）

前　言

　　家庭联产承包责任制实施以来，中国农业取得了显著的成绩，基本解决了温饱和粮食增产问题。但这也造成了土地经营规模小、细碎化程度高的农业经营状况，由于我国城乡二元体制的约束，农村人口未能充分向城市转移，因此，一家一户的小农户的农业生产经营方式可能是长期存在的。为此，党中央高度重视小农户的发展，"实现小农户和现代农业发展有机衔接"被纳入乡村振兴战略的部署。小农户通过组织化的形式来获取农业生产性服务被认为是其与农业现代化发展有效衔接的重要方式之一。那么，小农户为何组织化获取农业生产性服务？如何通过组织化的方式获取农业生产性服务？影响小农户组织化获取农业生产性服务的因素有哪些？小农户组织化获取农业生产性服务对农民收入和农业生产效率有何影响？对这些问题的回答将为提升小农户的组织化程度、完善农业经营体系、促进农业增效及农民增收提供科学的理论依据，为优化小农户对接农业现代化路径、实现乡村振兴提供经验支持。

　　本书首先梳理了小农户组织化获取农业生产性服务的演进逻辑，从小农户与农业生产现代化的互斥性格局—土地规模经营的探索—农业生产性服务的兴起—小农户在获取农业生产性服务中的困境—小农户组织化获取农业生产性服务的实践探索及评价—村集体主导下小农户组织化获取农业生产性服务的逻辑线条展开。其次，根据实地调研情况，对山东省滨州市博兴县的农业生产性服务发展现状进行了概述，并探讨了小农户组织化获取农业生产性服务的两种模式，即村级代理托管模式和土地入社托管模式的运行机制与实现路径，就两种组织模式的相同点与差异点进行了剖析；在此基础上，根据新制度经济学中的制度变迁理论，从外部环境变化和集体行动两个方面阐释了小农户组织化获取农业生产性服务这一制度创新的激发和实现机制，并且进一步对运行成效及各行为主体的收益进行分析。再次，通过农户行为理论、分工理论、交易费用理论、合作组织理论构建小农户组织化获取农业生产性服务的影响因素，以及小农户组织化获取农业生产性服务对农业经营绩效影响的研究框架，并对影响机理进行分析；利用课题组 2019 年对山东省滨州市博兴县的农户调研数据，探究了小农户组织化获取农业生产性服务这一决策行为的影响因素，并检验了小农户组织化获取农业生产性服务对农民收入和农业生产效率的影响效应。最后，对研究结论进行总结，并提出相应的政策建议。主要结论如下。

第一，在小农户组织化获取农业生产性服务的进程中，村集体上联农业服务主体，下联小农户，发挥了重要的组织协调作用，促进了小农户与现代农业的有机衔接；第二，在推进小农户组织化获取农业生产性服务的过程中，根据村民意愿和村庄内外条件，开展与之相匹配的小农户组织化模式；第三，外部环境变化（土地流转的进一步发展受阻、农业生产性服务的供需不匹配、农业生产技术的进步与革新、政策导向的带动）和相关利益主体（博兴县政府、农业服务主体、村集体、小农户）的集体行动共同推动了小农户组织化获取农业生产性服务这一非正式制度的创新；第四，村集体在组织建设及发展方面的带动作用对于小农户加入组织获取农业生产性服务具有显著的促进作用，而小农户若具有从事农业生产经营的意愿以及农业收入占比高则抑制了小农户通过组织化的方式来获取农业生产性服务的决策行为；第五，组织化获取农业生产性服务可显著提高小农户非农收入和家庭人均总收入，不同的组织模式对农业纯收入的影响具有差异；第六，以小麦为研究对象，小农户组织化获取农业生产性服务能够显著提高技术效率，对土地生产率的影响作用则相反。

CONTENTS 目录

第1章

绪　论

1.1 研究问题的提出

党的十九大报告明确提出实施乡村振兴战略，"实现小农户和现代农业发展有机衔接"是其中的重要组成部分。改革开放以来，"小农户"这一词汇首次在中央文件中被提及，表现出了党和国家对小农户在我国农业生产经营中重要地位的清醒认识。在我国农业与农村发展的历史进程中，一家一户的小农户生产经营方式可能是长期存在的（徐旭初，2018）。相关专家学者将党中央对小农户的重新认识与定位视为对"大国小农"国情的自省（张红宇，2019），对通过资本下乡的方式来推动土地规模经营的反思（姜长云，2018），对小农户家庭经营的精耕细作的农业生产方式以及此方式下较高生产效率的重新肯定（耿羽，2018）。

近年来，我国大力推行农业适度规模经营，土地流转成为实现土地规模经营的重要方式之一，但是由于土地流转费用逐渐上升、农民非农收入逐步提高导致土地流转收入对小农户的吸引力不断下降，土地制度的约束、农村社保体系的不健全等因素，使得农村土地流转的发展进程较为缓慢，难以一蹴而就，专业大户、家庭农场、农业产业化龙头企业等规模化的新型农业经营主体的发展面临重重考验。除此之外，在我国城乡二元结构体制仍然给劳动力等生产要素的自由流动带来了诸多限制。在无法于城市落户、定居的情况下，农民工放弃土地承包经营权的意愿较低，其在农村与城市之间的"候鸟式迁徙"现象仍普遍存在。2018 年底，我国的人口城镇化率已经达到了 59.58%，但是从户籍人口城镇化率来看，这一指标仅为 43.37%，这意味着我国仍有约 2.88 亿农民工，他们持有 8 亿~9 亿亩耕地的承包权。由于土地等生产要素的限制以及城镇化的缓慢进程，在短期内实现农业生产规模的快速扩张是不符合现实国情与农情的（刘守英和王瑞民，2019）。因此，在今后相当长的一段时期内，小农户的经营方式仍然是我国农业生产经营中的主要形式，中国农业现代化的关键是如何带动小农户与农业现代化的有效对接（徐旭初，2018）。根据农业农村部的统计，以 50 亩为规模经营的标准基线，截至 2016 年底，我国小规模农户还有近 2.6 亿户，占农户总数的比例极高，约为 97%。此外，小农户所经营的耕地面积占耕地总面积的比例也超过了八成，约为 82%，其耕地面积平均为 5 亩左右（叶敬忠和张明皓，2019）。据估算，我国小农户数量到 2030 年时约为 1.7 亿户，到 2050 年时仍将有 1 亿户左右（屈冬玉，2017）。

从形式上而言，小农户是对其经营规模的概述，一般指因人多地少等现实因素限制而形成的以家庭为基本单位、集生产与消费于一体的农业微观主体（张红宇，2017）。但是在不同的时代背景下，小农户不仅表征了小规模农户，还是生产力与生产方式属性的具体反映。在 20 世纪 50 年代初的土地改革之后，农民实现了"耕者有其田"的目标，其生产方式还是依靠人力和畜力为主要手段的传统农业形式，属于自给自足或半自给自足的小农经济范畴。如今，小农户虽然经营规模仍处于较低的水平，但是他们无论在生产力水平，还是在生产方式等方面，都摆脱了传统小农经济的束缚，在生产生活中均融入了不可分割的现代农业生产要素（郭庆海，2018）。我国小农户在现阶段的农业生产经营活动中有以下几点特征：第一，小农户的农业生产经营活动中融入了高科技农业信息技术装备和现代化农业机械设备，摆脱了依靠世代代积累的经验来种田的阶段；第二，不论是农业生产资料的购入还是农产品的销出，对外部市场的依赖度越来越高，开放程度越来越高；第三，小农户家庭收入结构发生了明显的改变，农业生产收入占小农户家庭总收入的比重显著降低；第四，小农户种植农作物的种类逐渐减少，生产经营目标不再是满足家庭消费和使用，小农户的农业种植结构发生重大变化；第五，如上原因所述，小农户之间的社会交往方式有了新的变化，小农户家庭之外的经营组织逐渐涌现出来，如合作经济组织、农业技术协会等（郭庆海，2018）。

我国农村优质劳动力的转移过程随着城市化和工业化进程的不断推进而得以加快，小农户兼业化和农业现代化的发展不断得到深化（徐旭初，2018）。根据1997～2017年《中国统计年鉴》的相关统计数据可知，农户家庭从事非农行业的收入占总收入的比重从1996年底的39.4%增长到了2016年底的66.5%，家庭农业经营收入的主体地位被工资性收入所取代（郭庆海，2018）。在小农户家庭收益最大化目标的考量下，家庭成员选择兼业经营成为一种理性的选择（钱忠好，2008）。小农户的兼业化发展导致在农村从事农业生产活动的劳动力主要以老人和妇女为主。农村青壮年劳动力进城务工的高工资性收入增加了劳动力的机会成本，劳动力要素从事农业生产经营的价格高于机械要素，根据相对变化的要素价格，可替代劳动力投入的农业生产机械化成为农业生产经营的首选（郑有贵，2000），但是小规模经营模式下农户购置农业机械的不经济性，使得小农户倾向于购买自身所需的农业生产性服务来帮助其完成各项农业生产环节（徐勤航等，2019）。农地"三权分置"政策实施后，在落实集体所有权、稳定农户承包权的基础上，农地经营权从之前的承包经营权中分离出来，摆脱了原有的束缚，在受到法律保护的前提下，通过各种形式将经营权转移给个人或组织经营管理（肖卫东和梁春梅，2016），农业生产性服务即为众多农地经营权转移形式之一。

小农户获取农业生产性服务主要有两种方式。一是小农户根据自身的需求，向小规模的个体农业服务提供者（服务主体）购买生产性服务。一般来说，单个农户的土地经营规模较小，且地块分散，只能从个体农机服务商处购买农业生产性服务，个体服务商所持农业机械一般马力较小，设备老旧，虽然影响了机械的使用效率，但是在小农户较为分散的田间地块方便机械设备的灵活作业，比如调头更方便等。二是众多小农户因相同的农业生产性服务需求，组织起来统一向服务主体购买农业服务，在这种方式下，小农户的服务需求得到了整合，之前相对独立的田间地块也可以进行统一耕作，机械作业规模扩大，此时，服务主体一般为专业性的服务公司或组织，农业机械马力较大，设备先进，机械的作业效率较高，因规模效应使得服务价格低于个体服务商。组织化获取农业生产性服务被视为小农户与现代农业发展有机衔接的有效方式之一（陈航英，2019；吴重庆和张慧鹏，2019）。

我国农业正处于由传统农业向现代化农业转型的关键时期，在小农户承包土地零散、细碎的现实农情下，深入研究小农户在获取农业生产性服务的行为、绩效与发展对策，对于推进小农户组织化获取农业生产性服务的发展、提高农业生产效率、保障国家粮食安全、促进农民收入增长都具有重要意义。当前，小农户在我国农业生产经营体系中仍占据主体地位，提高小农户的农业生产效率对于实现粮食自给、确保粮食安全具有重要意义。

综上所述，我们发现小农户经营在未来相当长的时期内仍将是我国农业生产经营的主要方式，在小农户兼业化和农业生产现代化的背景下，农业生产性服务的发展为现阶段小农户的农业生产经营提供了必要的生产手段。然而，一家一户为单位的小农户分散化的经营状态并不能适应农业生产现代化的要求。因此，以利益机制为纽带，在小农户自愿的前提下，将其零散的服务需求进行整合的组织化过程成为带动小农户对接农业现代化的大势所趋。因此，本书重点关注了以下五个研究问题。

问题1：小农户为何通过组织化的形式获取农业生产性服务？演进逻辑是什么？

问题2：小农户组织化获取农业生产性服务在实践中是如何实现的？其制度变迁规律或特征是什么？有什么不同的组织模式？

问题3：哪些因素可以影响小农户组织化获取农业生产性服务的行为决策？不同组织化模式的影响机制是否相同？

问题4：小农户组织化获取农业生产性服务能否增加其家庭收入？缓解农村内部收入的不平等现象？不同组织化模式对小农户的收入影响是否存在差异？

问题5：小农户组织化获取农业生产性服务在理论上对农业生产效率

的影响机理是什么？在实际的生产生活中对农业生产效率又有何影响？

1.2 研究意义

1.2.1 理论意义

第一，有利于科学提炼实现农业现代化的经营策略。随着经济社会的发展，我国的农业经营格局正在进行重构，农业发展过程中不仅要面对"谁来种田"的现实问题，更要应对"怎样种田"的深层难题。如何创新农业经营方式，完善农业经营机制，突破传统农业的束缚，是新时代背景下农业发展必须回答且亟待突破的课题。在我国大量农村劳动力转移到城市的现实情境下，小农户组织化的发展对于实现农业的现代化经营具有重要意义，农业服务主体在为组织化的小农户提供农业生产性服务时，规模化的服务供给、新技术的应用、产业化的经营方式可以相应地提高农机技术水平、创新规模化经营方式、融合产业链条、降低生产成本，为农业生产效率的提高创造了有利条件，同时释放出的劳动力可获得更多非农收入，进而有利于缩小城乡收入差距，为实现现代农业发展和实施乡村振兴战略奠定坚实的基础。

第二，有利于科学理解农业经营体系的创新机制。20世纪90年代以来，我国针对农业社会化服务出台了多项政策文件，旨在促进其规范、快速发展，2010年前后，我国又具有针对性地提出大力发展农业生产性服务的指导方针。在小农户仍然是我国最主要的农业经营主体的历史背景下，从制度经济学的角度分析小农户组织化获取农业生产性服务的客观原因及制度变迁规律，对理解我国农业经营体系的创新具有一定的理论参考价值。

第三，有利于科学认识不同农业经营方式的农业经营绩效差异。目前，关于小农户组织化获取农业生产性服务的研究主要集中在理论层面，系统探讨小农户组织化获取农业生产性服务对其农业经营绩效的研究较为有限。相较于小农户分散化获取农业生产性服务，本书系统分析了小农户组织化获取农业生产服务对其农业经营绩效的影响效应，探讨了小农户组织化获取农业生产性服务对小农户家庭收入水平、收入差距，以及农业生产的技术效率、土地生产率的影响，并进一步探究了不同组织模式之间对小农户农业经营绩效的影响差异，拓展并丰富了小农户组织化获取农业生产性服务的实证研究。

1.2.2　现实意义

第一，有利于现行农业经营制度的创新。在梳理小农户组织化获取农业生产性服务的演进逻辑的基础上，从外部环境变化与制度创新需求产生、集体行动与制度创新实现两个角度把握小农户组织化获取农业生产性服务的制度变迁规律，并分析不同组织模式之间运行机制的异同点，为相关政策制定提供科学参考与支持。

第二，有利于激活农村要素资源，实现乡村振兴。现阶段我国城镇化的快速发展，吸引了众多农村的优质劳动力向城市转移，农户兼业化的比例不断提高，农业经营以老年人和留守妇女为主，影响了农业生产效率的提高，以及农业现代化的进程。通过为组织化的小农户提供规模化、机械化、现代化的农业生产性服务，可以提高农业的规模化经营水平，提升农业生产的科技化程度，促进农业产业的融合发展，从而实现农村要素资源的有效整合。这不仅推进了农业经营方式的完善和农业发展方式的转变，还进一步丰富了乡村振兴的路径，进而推动了乡村振兴的实现。

第三，有利于小农户对接农业现代化目标的实现。本书重点考察了小农户组织化获取农业生产性服务对其农业经营绩效的影响效应。在我国农业经营方式发生重要转型的关键时期，探究小农户组织化获取农业生产性服务是否有助于小农户家庭收入的提高和农业生产效率的提高具有十分重要的意义，该问题的探讨对完善我国农业经营方式和经营体系、促进小农户与农业生产的现代化发展有效衔接，具有重要的政策含义及现实意义。

1.3 研究目标与研究内容

1.3.1 研究目标

本书的总体研究目标为：探讨小农户为何组织化获取农业生产性服务以及如何获取，并进一步基于微观农户的调研数据，利用计量经济学模型，分析小农户组织化获取农业生产性服务对小农户家庭收入及农业生产效率的影响。具体目标包括以下六点。

（1）在小农户与农业现代化发展之间表现出一定互斥性的现实农情下，总结和梳理小农户通过组织化获取农业生产性服务的方式来实现农业转型升级的演进逻辑。

（2）对小农户组织化获取农业生产性服务的不同模式进行探索，在此基础上，深入解析不同模式的内在运行机理与机制，总结与归纳不同模式之间的共同点及差异点。

（3）根据实地调研情况，构建小农户组织化获取农业生产性服务的制度经济学分析框架，探讨在小农户组织化获取农业生产性服务过程中的外部环境变化以及相关利益主体在其中所发挥的不同作用。

（4）对小农户组织化获取农业生产性服务的影响机理进行深入解析，探寻如何促进小农户以组织化的形式获取农业生产性服务。

（5）研究小农户组织化获取农业生产性服务对小农户农业经营绩效（家庭收入和农业生产效率）的影响，考察不同小农户组织化模式之间的影响差异。

（6）提出基于小农户组织化程度提升、农业生产性服务进一步发展、家庭收入提高和农业生产效率增进的相关政策建议。

1.3.2 研究内容

根据上述研究目标，本书的研究内容主要包括以下七个方面。

研究内容一：小农户组织化获取农业生产性服务的演进逻辑探析。首先，就小农户与农业现代化发展之间的互斥性格局进行分析；其次，在探究土地规模经营的缘起、推进过程及现实反差的基础上，从理论和实践两个层面梳理农业生产性服务兴起的逻辑线索，并探析小农户在分散化获取农业生产性服务中的困境；最后，在对小农户组织化获取农业生产性服务的实践情况进行简要概述和评价的基础上，剖析村集体在小农户组织化获取农业生产性服务中的组织协调作用，解析小农户如何在村集体主导下通过组织化的方式来克服获取农业生产性服务的困境，从而实现与现代农业的有效衔接。

研究内容二：小农户组织化获取农业生产性服务的模式探究。以山东省滨州市博兴县小农户组织化获取农业生产性服务的实践情况为基础，探索小农户组织化获取农业生产性服务的不同组织模式，并具体分析不同组织模式在实践中的运行机制，总结与归纳不同组织模式之间的共通点及其差异所在，为后续分析小农户组织化获取农业生产性服务的影响因素及其对农业经营绩效的影响效应提供理论支撑。

研究内容三：小农户组织化获取农业生产性服务的制度经济学解析。根据山东省滨州市博兴县小农户组织化获取农业生产性服务的实践情况，以制度变迁理论为基础，从外部环境变化与制度创新需求产生以及集体行动与制度创新实现这两个角度，分析小农户组织化获取农业生产性服务的发展阶段特征和制度变迁规律。

研究内容四：小农户组织化获取农业生产性服务的影响机理分析。在我国农业生产经营的实际情况中，小农户分散化获取农业生产性服务的比例仍居高不下，是我国农业生产经营的主要方式。影响小农户选择组织化获取农业生产性服务这一决策行为的影响因素是什么？怎样提升小农户组织化程度？本书以山东省滨州市博兴县的农户调研数据为基础，对上述问题进行解答。

研究内容五：小农户组织化获取农业生产性服务对其家庭收入的影响分析。基于山东省滨州市博兴县小农户的微观调研数据，利用计量经济学分析方法，从小农户农业纯收入、非农收入和家庭人均总收入三个视角，探究小农户组织化获取农业生产性服务对其收入的影响，并分析不同模式之间的影响差异。此外，进一步从家庭人均总收入的视角探究小农户组织化获取农业生产性服务是否会缓解小农户之间收入不平等的现象。

研究内容六：小农户组织化获取农业生产性服务对农业生产效率的影响分析。基于山东省滨州市博兴县小农户的微观调研数据，利用计量经济学分析方法，从生产率的指标中选择土地生产率，从效率的指标中选择技术效率，考察小农户组织化获取农业生产性服务对土地生产率和技术效率的影响。

研究内容七：根据以上理论探讨和研究结果，从提升小农户组织化程度，加强村级组织建设，强化农业服务主体建设，因地制宜推进多种组织化方式发展等角度提出加速小农户组织化进程，促进农业生产性服务业的进一步发展，增加农民收入、提高农业生产效率等方面的政策建议。

1.4 研究方法、技术路线与数据来源

1.4.1 研究方法

1. 文献研究法

对专家、学者的相关研究进行总结、归纳、梳理是开展科学研究的基础必备条件之一。本书应用文献研究法，通过图书馆、网络资源数据库等多种形式，整理收集了国内外有关小农户的特征与属性、农业生产性服务的起源与发展、农业生产性服务对农业经营绩效的影响等方面的相关文献，领悟现有文献的研究经验，发现小农户与农业生产现代化有效衔接相关研究的空白之处，探寻研究切入点与研究意义。此外，对已有文献的学习与探究对本书研究分析框架的构建、计量模型与变量的选取、研究假说的提出均具有一定的指导意义，从而为本书研究小农户组织化获取农业生产性服务对其农业经营绩效的影响奠定了良好的研究基础。

2. 理论分析方法

根据本书的研究目标与内容，深入学习相关理论并把握其内涵，综合运用农户行为理论、分工理论、交易费用理论和合作组织理论，分析小农户组织化获取农业生产性服务对农业经营绩效的影响，在理论分析的基础上，结合研究逻辑思路，搭建研究的分析框架，从理论的角度出发，深入理解小农户组织化获取农业生产性服务对农业经营绩效的影响作用机理，从而构建本书需要验证的研究假说。

3. 统计分析法

基于微观农户的调研数据，利用图、表、样本均值等方式，采用描述性统计分析方法，探析小农户组织化获取农业生产性服务的基本情况，初步判断小农户组织化获取农业生产性服务对小农户家庭收入及农业生产效率的影响并探寻可能的诱因。

4. 计量经济学分析方法

依照本书所构建理论分析框架，根据不同的研究内容，选择适宜的计量经济学模型，利用微观农户的调研数据，对研究假说进行量化分析，明晰小农户组织化获取农业生产性服务对小农户家庭收入和农业生产效率的作用效果。本书运用了以下计量经济模型：普通最小二乘法（ordinary least squares，OLS）、评定模型（logit model）、倾向值得分匹配（propensity score matching，PSM）、基于回归的夏普里值分解法（Shapley value decomposition）和随机边界模型（stochastic frontier approach，SFA）。

1.4.2 技术路线

本书的技术路线如图 1 – 1 所示。

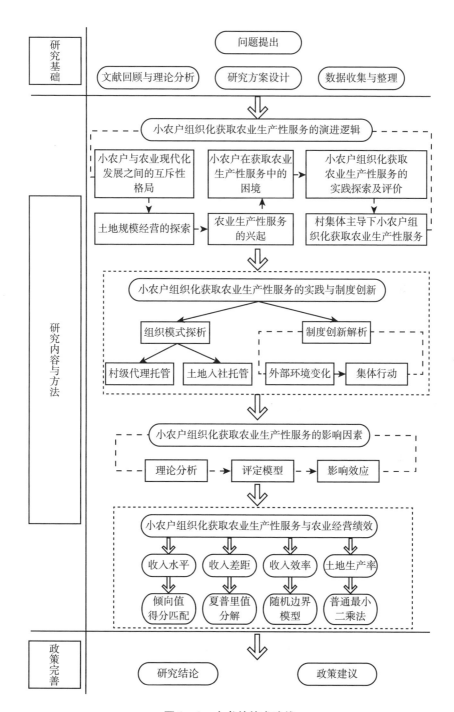

图 1-1 本书的技术路线

1.4.3 数据来源

本书所使用的数据源于课题组于 2019 年 8 月在山东省滨州市博兴县开展的农户调研。近年来，山东省大力开展的"土地托管"的新型农业经营方式为农业生产性服务的发展提供了良好的契机，博兴县积极响应号召，做出了有益的探索，以"村级代理托管"模式和"土地入社托管"模式为把手，带动小农户对接农业生产现代化，为研究小农户组织化获取农业生产性服务提供了较好的数据源。

调研采取了随机抽样的方法，涉及博兴县 5 个乡镇 11 个村的 396 个农户，样本农户 2018 年的种植规模均在 50 亩（含）以下，种植作物均为粮食作物（小麦和玉米），在剔除不完整样本 24 户之后，共得到 372 份有效问卷，有效率为 93.94%。其中组织化获取农业生产性服务的粮食作物种植户共 170 户（村级代理托管模式 84 户，土地入社托管模式 86 户），分散化获取农业生产性服务的农户 202 户。

调研收集了 2018 年农户家庭基本情况以及农业投入产出信息，包括小农户的家庭人口信息（家庭成员的性别、年龄、受教育年限、年收入、是否为党员或村干部等）、家庭主事者特征（是否有教师的特殊从业经历、健康状况、是否购买商业养老保险等）、农业生产性服务情况（是否组织化获取农业生产性服务，获取农业生产性服务的环节及费用等）、家庭特征（家庭总人数、家庭劳动力人数、经营土地的面积、地块数、是否在城镇购买商业住房等）和样本农户的农业投入产出情况（作物种类、要素投入量、投入价格、作物销售量、销售价格等）。

1.5 相关概念界定

1. 小农户

顾名思义，小农户指土地经营面积较小的农户或农场，由于不同国家、不同地区的资源禀赋特征存在巨大的差异，如人口数量、地形地势、土地（耕地）面积、土壤质量、社会经济发展状况等方面（Von Braun，2005；李继刚，2011），因此，不同国家和地区对于如何界定小农户没有统一的标准和答案，存在一定的区别与差异。比如在南美洲的巴西，小农户的界定标准为经营规模在 50 公顷以下；而在亚洲的印度，这个标准仅仅为 2 公顷。即使是在同一国家，随着社会经济环境的变化，对小农户的界定标准也可能会随之变动，尤其是社会经济环境革新较快的发展中国家。但是无论小农户的界定标准如何，其在农业生产经营和保障粮食安全等方面所发挥的重要作用都得到了专家、学者的一致认可。

根据农业农村部统计，农业经营面积在 50 亩以下的农户可称为小农户（叶敬忠等，2018；徐旭初和吴彬，2018）。在第三次全国农业普查中对小农户的界定标准为："对于一年两熟的种植业地区，种植面积达 50 亩以上的农业经营户为规模农业经营户。"

基于此，本书在基于调研地区的实际情况的基础上，将小农户定义为以家庭为基本单位，土地经营面积在 50 亩（含）以下的农户。

2. 小农户组织化

在我国农业转型发展的现阶段中，不仅要面对土地细碎化、农户分散化的现实农情，还要面临生产经营主体主观能动性匮乏的困境。在家庭联产承包责任制下，小农户仍是我国农业生产经营中最主要的主体。在农业产业化的背景下，小农户为了实现经济效益最大化而进行的组织联结是农业生产过程中微观经营主体的再造行为（温琦，2009）。从字面含义来看，小农户组织化分为两部分：一是表示小农户为主体；二是强调组织化的过程。小农户组织化即表示耕作土地面积较小的农户通过市场机制的引导、农户间共同利益的联结，形成的一种有机合作的过程或状态。

小农户组织化的进程表现出不同的特征与属性。一是阶段性，随着经济的迅速发展，社会环境日新月异，各项政策不断更迭，小农户组织化的进程和状态受外部环境及其变化的影响较大，与其紧密相关，随外部环境的变化不断演进；二是合宜性，不同的产业具有不同的发展形态，不同的地区有其独特的发展特征，小农户组织化的发展既要与产业、区域等因素相匹配，还要适合政策趋势与历史阶段等；三是多维性，仅从单一的角度去认识和理解小农户组织化是片面的、不完整的，因为小农户组织化综合了社会化、产业化、合作化等不同方面的属性；四是自主性，在小农户进行组织化的过程中，无论是在合作组织意愿方面的共识上，还是在剩余利益方面的分配上，自主权都掌握在小农户手中，而不是其他的个人或团体。

村集体作为村级自治组织，与本村村民具有天然的地缘情感联结，在"统分结合"的双层经营体制下，村集体为"统"的主体，其统筹作用的发挥，有利于土地资源要素及农业服务需求的统一与整合，由其主导的小农户组织化成为带动小农户对接农业现代化并实现农业转型升级的重要推动力。

在本书中，小农户组织化具有以下含义。

第一，强调村集体的主导作用。在村集体的组织引导下，众多小农户与村集体通过缔结正式契约的方式，构建合作关系，改变小农户"单打独斗"的局面，实现土地要素以及其他各项生产要素的综合统筹管理和规模化利用，使得小农户可以共同面对大市场，从而实现规模经济（罗必良，2005；郭利京和许玉贵，2007）。

第二，小农户组织化后，在农业生产的各个环节均采取统一的集体行动。在村集体的统筹协调下，众多小农户在农资采购（种子、农药、化肥等）、整地、播种、病虫害防治、施肥、灌溉、收获、运输、烘干等所有农业生产环节上达成一致，实行统一的农业生产经营方式（即小农户通过组织化的形式在农业生产的各个环节统一获取农业生产性服务）。

第三，与分散化小农户相比，组织化的小农户在农业生产的各个环节均通过购买农业生产性服务的方式来完成。小农户分散化进行农业生产经营时，在整地、收割等劳动强度较大的生产环节，他们都选择了向外部获取农业生产性服务的方式来完成作业，而在病虫害防治、施肥、晾晒谷物等方面大部分小农户仍由自身的劳动力完成。小农户组织化后，从种到收的各个农业生产环节均通过向外部的农业服务主体购买农业生产性服务来完成。

3. 农业生产性服务

农业生产性服务的概念是从农业社会化服务概念中演化出来的。近年来，关于农业生产性服务的概念提法在政府工作报告、政策文件及学术研究中被广泛提及，农业生产性服务、农业社会化服务、农村社会化服务、农业生产环节外包等概念易被混淆使用。因此，有必要在对相关概念进行梳理的基础上，界定本书中提及的农业生产性服务的内涵。

农业社会化服务。1991年《国务院关于加强农业社会化服务体系建设的通知》最早对农业社会化服务的定义进行了相关解释，即"农业社会化服务是指包括专业经济技术部门、乡村合作经济组织和社会其他方面为农、林、牧、副、渔各业发展所提供的服务"。2008年，"新型农业社会化服务体系"的概念在党的十七届三中全会上首次被提出，具体内涵为"以公共服务机构为依托，合作经济组织为基础，龙头企业为骨干，其他社会力量为补充，公益性服务和经营性服务相结合，专项服务和综合服务相协调的新型农业社会化服务体系"。

农村社会化服务。相对而言，农村社会化服务是农业服务相关概念中含义最为宽泛的一个，涵盖了农业生产、农村生活、农民需求等方面的服务，以服务的性质来划分可大概分为两类：第一类是农村公共服务，指政府或者其他公益性的组织根据农村发展和农民的实际需要，所提供的具有非竞争性特点的公共服务，比如农村交通服务（道路修建、公交服务）、乡镇卫生院的医疗服务、农田灌溉设施建设服务、农民子女教育服务等；第二类是农村经营性服务，主要指对农业农村生产的各个方面提供的专业性服务，涵盖农、林、牧、副、渔等各个方面，还包括加工制造业、建筑业等。

农业生产环节外包。外包的概念起源于企业管理学科，指企业或组织为了保持核心竞争力，将部分非核心、低效率的业务托付给其他企业或组织来完成的过程，以达到节本增效的目的。在农业生产环节的外包中，农户通过契约的形式，支付相应的费用，委托他人或组织来完成全部或部分农业生产的经营活动。近年来，农业生产托管在农业农村部的大力推行下得到了快速发展，其概念与农业生产环节外包有所相似，即在不流转土地经营权的条件下，农业经营主体将农业生产经营中的耕、种、防、收等全部或部分作业环节委托给农业生产性服务组织完成的农业经营方式。

农业生产性服务与农业社会化服务和农村社会化服务的相同之处在于，均强调在农业农村的生产生活中服务的外部供给；但是与农业社会化服务和农村社会化服务兼顾公益性服务和经营性服务不同，农业生产性服务更注重在农业生产环节的经营性服务（市场机制为主导）。农业生产性服务与农业生产环节外包均以农业生产环节的经营性服务为主要内容；与农业生产环节外包以农户的农业服务需求为主导不同，农业生产性服务更加强调从供给侧提供农业生产所需的各项服务，实现供给与需求的有效对接。相关专家学者对农业生产性服务的概念得出了较为一致的结论（张忠军和易中懿，2015；刘强和杨万江，2019；司瑞石等，2018；张红宇，2019；李虹韦和钟涨宝，2020；芦千文和高鸣，2020），参照上述学者的观点，农业生产性服务的概念在本书中具有以下含义。

第一，农业生产性服务指农业生产性服务主体（农业服务企业、农机大户、村级合作组织、家庭农场等）在农业生产活动中为农业经营主体提供的产前、产中、产后各个环节中间投入的社会化服务。

第二，农业生产性服务贯穿农业生产链条，农户在不改变承包权主体的前提下，通过付费的形式来获取相关的服务，从而完成各项环节的农业生产活动。农业生产性服务是直接替代农民或辅助农民"下地"干活的那部分社会化服务，是农业现代化农业产业体系的一个重要组成部分。

第三，农业生产环节具体包括农资供应（种子、农药、化肥等）、整地、播种、病虫害防治、施肥、灌溉、收获、运输、烘干。

4. 农业经营绩效

绩效指在社会经济的生产活动中的成绩与效果，是拥有一定资源的组织或个人在工作中所做出的可以被衡量的成绩。收入的增加、效率的改善、产出的提升均是绩效改进的不同方面（罗必良，2000）。农业绩效涉及农业生产的产出、农民的收入等不同维度，是衡量农业、农村、农民所获取结果的指标。由此，本书中的农业经营绩效指小农户的农业生产经营方式对其家庭收入和农业生产效率所产生的影响效用。

农民收入和农业生产效率是在衡量经济绩效时广泛使用的两项指标。

在农民收入的衡量中，本书选取了农业纯收入、非农收入和家庭人均总收入这三方面的指标。农业生产效率分为生产率和效率两个层面：生产率指投入产出比；而效率是在考虑了生产损失后，表示实际产出与理想产出（实际成本与理想成本）的比值。本书选取了效率指标中的技术效率、生产率指标中的土地生产率来对农业生产效率进行衡量。

第2章

文献综述与理论基础

2.1 文献综述

在分析具体研究问题之前，需要对相关的文献进行全面的梳理，以便更加明确研究的主题及方向，为后续的关于小农户组织化获取农业生产性服务的相关研究建立坚实的基础。因此，对小农户的属性与特征、农业生产性服务的起源与发展、小农户组织化对接农业生产性服务、农业生产性服务与农业经营绩效等方面对现有文献进行综述，探讨相关研究的进展情况，并对其进行述评。

2.1.1 小农户的属性与特征

1. 小农户与小农的区别

随着乡村振兴战略的实施，对小农户的讨论频率也日益增多，"小农户"和"小农"概念的混用频繁出现。那么，"小农户"和"小农"的含义是否相同，他们之间能否同义替换，成为学界关注的重点问题之一。

"小农"（peasant）一词最早由拉丁语"pagus"分化出来，在拉丁语的语意中带有明显的贬义色彩，常常是"堕落者、未开化者"的象征；而在英语的语意中，"peasant"也蕴含了"附庸、奴隶"等轻蔑的情感色彩（王兰兰，2010）。在《不列颠简明百科全书》（2005）中，"小农"被定义为"耕种土地的小土地所有者或农业劳工"。而在《中国大百科全书》（1998）中，则将"小农"定义为"建立在生产资料私有制的基础上，从事小规模耕作的个体农民"。由此可知，在我国的语言文化和语境语意中，"小农"往往指的是传统意义上的"农民"。古代封建社会即有"农民""待农而食之，虞而出之，工而成之，商而通之""士农工商，四民有业"，且"农为天下之大本"，而"农民"除了有"从事农业的耕作者"的内涵之外，同时还是"家天下"王朝的"臣民"，是"朕即国家"的"子民"，具有严格的身份依附意味。在封建社会时期，"农民"之间并没有太大的差异，基本均保持过密型的"维生型经济"（林刚，2017）。

随着农村社会的发展以及生产方式的演变，"农民"均质化的社会生活状态开始发生分化。马克思和恩格斯将"小农"定义为"小块土地的所有者或租佃者——尤其是所有者，这块土地既不大于小农家庭全部劳动力可以耕种的限度，也不小于养活小农家庭全部人口的限度"（马克思和恩格斯，2009）。小农生产方式被认为是传统落后生产方式的延续，排斥资本的集聚、农业的现代化发展、科学技术的应用，在发展到某一程度后，小农落后的生产方式必然要被其他生产方式所替代。小农因落后的生产理念与方式使其在前资本主义社会成为被剥削和迫害的对象，加剧了其在社会中的无权状态与底层地位。

为了便于对小农的分析，除了马克思主义对小农的理解外，理论界还存在两种不同的观点。一种是"恰亚诺夫小农"；另一种是"舒尔茨小农"（刘守英和王宝锦，2020）。在恰亚诺夫对小农的理解中，将其视为一个相对独立的、兼生产与消费于一体的经济系统，并具有土地、工具、劳动力等生产资料，"家庭通过全年的劳动获得单一的劳动收入"（恰亚诺夫，1996）。与企业家的行为动机不同的是，满足家庭对农产品的需求是小农生产的主要目的，而不是追求经济和利益的最大化，小农生产的产出与消费保持一定的均衡状态。受生产目的的影响，小农在农业生产中的土地、劳动力及其他生产要素的投入与企业性质的农场有显著区别，具有灵活多变的特性。小农可以根据不同地块的远近来决定在各个地块上的劳动强度与种植的集约度，只在离家较近的地块上采取精细化的耕作方式（恰亚诺夫，1996），并不能对所有地块都做到"物尽其用"。在小农家庭满足自身对农产品的需求后，对其经营的土地不会再投入更多的劳动力等生产要素，对土地也未实现最为合理的利用。而企业性质的农场为了追求在农业生产中利益最大化的目标，会采取最优的方式权衡农业生产的投入与产出。

与马克思主义、恰亚诺夫对小农认识的观点不同，舒尔茨认为小农与资本主义企业家一样，在不受权力关系制约的基础上，具备理性分析、判断和决策的"理性人"特征，并且具有利益最大化的目标。虽然农民的生活条件较为艰苦，但他们的思想并不愚昧，其对生产要素价格、市场供给情况和自身所获利润非常敏感并有密切的关注。小农在农业生产的过程中为了获取最大的利润，在生产要素配置方面进行合理布局。同时，在依赖上一代农民积累起来的生产经验的基础上，小农不断改进农业生产技术，丰富农业生产的实践经验。但是小农在农业生产方面的技术变革进程却十分缓慢，农民习惯性地使用世代相传、并无明显变化的生产方式与生产要素，寻觅不到现代农业生产要素的踪影。即便如此，小农家庭劳动力对农业生产均是有贡献的，在农业生产环节投入劳动力的多少对农业产量有直接的影响，并不存在劳动力边际生产率为零的现象。

冯·布劳恩（Von Braun，2005）认为"小农户"（smallholder）是经营规模和耕种面积较小的一类群体，是"在特定资源禀赋下以家庭为单位、集生产与消费一体的农业微观主体"（施祖法，2018）。在不同的研究背景下，"小规模农户""小农场"等词语均可指代小农户，但无论使用什么样的词语，其基本属性均是家庭经营性质。相比而言，对于"小农"的理解多从"质的规定性"角度出发，强调其生产关系与性质；而对于"小农户"而言，多是从"量的规定性"角度出发，强调其土地的经营规模，但是由于不同时代的社会背景，生产工具和手段等存在差异，对"小农户"的界定存在计量难度，对其判定存有模糊性。因此，应根据时代发展的背景，结合实际生产情况，来界定小农户的衡量标准（叶敬忠和张明皓，2019）。

从相关学者对"小农"和"小农户"的界定与理解来看,"小农"既强调在"质"的方面农民在物质资料的生产过程中所蕴含的生产关系,又关注其在土地规模和经营面积的"量的规定性",是"质"与"量"的辩证统一。"小农户"与"小农"之间虽然仅有一字之差,但是含义并不完全相同,容易产生误解并导致对两者的混淆使用。两者的差别可以体现在以下两个方面。第一,从概念的界定来看,"小农"是生产关系"质的规定性"与生产力水平"量的规定性"辩证统一的综合概念,而"小农户"则是生产力水平"量的规定性"的独立反映。由以上分析可见,"小农"与"小农户"在概念内涵方面虽有重合,但并不完全相同。第二,在政治意识形态中,"小农"带有一定的阶级色彩和政治属性,而"小农户"的阶级主体地位及阶级关系逐渐弱化。

2. 小农户经营的传统与特征

一般而言,小农户指基本生产单位以家庭为计,生产与消费融合为一体的农业微观主体(张红宇,2017)。在我国漫长的历史进程中,不同的时代背景下小农户所体现的生产力与生产方式不尽相同。不必追溯更为久远的历史情况,仅对 20 世纪 50 年代初土地改革之后的小农户而言,其仍处于以人畜力为基本生产手段的传统农耕文明之中,属于自给自足或半自给自足的小农经济范畴(郭庆海,2018),小农户的农业生产经营有以下五个方面的特征。

第一,较强的土地依附性。世世代代的农民生活于农村地区,流动性较差,土地这一生产资料对于农民而言是其生存的基本保障,是农民的"命根"(刘守英和王宝锦,2020)。随着农村人口的不断增长,人均耕地面积逐步缩小,为了满足家庭人员的生存需求,小农户在有限的土地上通过劳动力的过量投入以及复种、套种等不同的种植方式来提高对土地的利用效率,尽可能地在其有限的土地范围内增加农产品的总收获量(赵冈,1994)。

第二,自给自足的小农生产方式。小农户以家庭为生产经营的基本单位从事以农业生产为主的经济活动,具有生产与消费合一的特征。一般而言,男性家长为小农户家庭的主事者,负责家庭事宜的决策,生产活动的安排与调度。在小农户家庭中，并不是所有家庭成员均参与农业生产活动，各成员通过劳动分工的方式共同生活。家庭成员为了满足基本的生存需求及家庭利益最大化的目标，进行自我激励，在劳动过程中辛勤付出，基本不需要外部的监督（刘守英和王宝锦，2020）。小农户家庭生产的目标是满足自身的消费、维持家庭的生计，剩余产品很少，属于自给自足或半自给自足的生产方式（文迪波，1989）。从衣物到食品等生活物品绝大多数都由小农户家庭内部生产制造，所使用的生产要素，如种子、化肥、畜力都由家庭自身来提供，但所使用的农耕工具，如镐、镰等金属工具需从外部获取，生产方式具有一定的独立性（郭庆海，2018）。

第三，农业生产活动中主要依靠世代积累的经验。我国拥有历史悠久且灿烂的农耕文明，然而，现代化的科学技术在农业生产当中的应用与发展却是异常缓慢的。一代又一代的农民在农业生产经营的过程当中，依靠的是先辈所传承下来的经验，而不是生产方式与技术的进步与革新（刘守英和王宝锦，2020）。在春秋战国时期，铁制农具已经在农业生产中被小农户所使用，随着时间的推移，铁制农具的应用越来越普遍但是在种类和品质方面没有发生重大的创新，基于控制成本和利益最大化的考量，小农户只会在必要时采用成本较高的新工具（德·希·铂金斯，1984；费孝通，2016）。人力、畜力是农业生产中最普遍的生产动力，农耕传统经验是农业生产中的基本指导方针，经过世代的积累与调整，传统农耕经验被认为是保障农业产出和家庭生计的可行路径。一方面，农民信任这种传承下来的路径，满足了其对生产和生活的需求，另一方面，农民过于依赖传统路径，使用相同的技术，播种相同的农作物，制约了农业的创新性发展（林毅夫和沈高明，1990）。农民的低收入水平制约了其购买能力，因此，在农业生产中的动力系统并没有发生质的改变，直到19世纪后期，国外的农业机械才被陆续地引入我国，在农业生产中发挥作用（刘建中，1992），2005年以来，我国的农业机械才得到广泛的应用（焦长权和董磊明，2018）。

第四，多样化的乡村经济。小农户的生产经营活动不仅依附于土地，还包括养蚕、养牛等其他活动，其从事的经济活动在形式和内容上较为丰富。农业和手工业的有机结合一直是我国传统农业的一大特征，小农户家

庭内部存在以"男耕女织"为典型代表的分工现象（夏明方，2012）。在
20 世纪 50 年代之前，小农户家庭中农业与手工业的结合仍然较为紧密
（黄宗智，2012），在一些较为复杂的生产活动中，家庭成员间则互相合作
完成。

第五，缺乏市场交换活动。作为生产者的小农户生活于以血缘和地缘
为纽带的村落中（庄天慧和骆希，2019），农民的活动范围较小，农民之
间的社会交往局限于亲属之间的交往以及与乡邻之间的交往（郭庆海，
2018），社会流动性较弱。小农户的劳动产品主要用于自给，不具备商品
化的特征，鲜有商品交易往来。小农户生活的村落中依靠村庄制度（一般
为非正式制度）来规范人们的行为，维持村庄秩序（刘守英和熊雪锋，
2018）。小农户在农业生产、经营、销售等不同的环节中存在利益交互的
现象，为了实现共同利益，小农户之间会协作完成相关活动，如农业互助
生产、道路修建、沟渠建设、地方防卫等（萧公权，2018）。

3. 现阶段小农户属性与特征

随着家庭联产承包责任制的实施，工业化和城市化进程的发展，以及
农业机械化的普及应用，现阶段我国小农户在诸多方面都发生了质的变
化，与传统农业的小农经济存在巨大的差异。

第一，土地依附性弱化。市场经济的蓬勃发展，促进了乡镇企业的诞
生与快速成长，农村劳动力开始逐步向乡镇企业进行非农转移。1992 年，
我国从事非农产业的农村劳动力达到 9765 万人，相比于 1978 年的 3150
万人，农村劳动力非农就业的人数增加了 6615 万人，加上"农转非"
（征地、招工、招生等不同情况）的 3000 万人，1978～1992 年，劳动力
由农业转向非农产业的数量达到 9615 万人，每年的平均转移人数在 700
万左右（魏后凯，1994）。小农户在 2006 年时工资性收入占家庭人均纯收
入的比例已接近 50%，达到 46.4%，这一数值较 1978 年（8.2%）提高了
近 6 倍，乡镇企业的工资性收入成为带动农民增收的主要来源（刘守英，
2018）。

在乡镇企业等非农就业机会不断增加的情况下，选择非农就业与农业
生产兼业经营的行为越来越普遍，小农户兼业经营的预期收益要高于仅从

事农业生产经营活动的收益。虽然从事兼业经营的收入较高，但是农民并未离开世代生活的村落，农民的数量仍在不断攀升，小农户对于土地的依赖性有所弱化，但是与土地的黏合度并未发生质的改变（宋洪远，2008）。

第二，生产经营方式逐步对外开放。小农户的生产活动及经济行为不再闭塞，逐步趋于市场化，无论是在生产活动中投入的生产资料（种子、化肥、农药等），还是产出的农产品（粮食作物、经济作物等）均与外部市场有密切的联系，生产资料通过市场进行购买，所产出的农产品虽品种有限，但主要目的是为了获取货币收入。尽管小农户的经营规模仍然较小，但绝大多数的小农户已经突破了原有的小农固有的孤立与封闭的生产属性（吴业苗，2011），体现出了小农户生产的商品化与专业化特征，以及商品经济的属性。小农户家庭的生产活动和种植结构趋于向单一化发展，在很大程度上，以满足小农户家庭消费为目标的小规模、全面化的经营结构已经逐渐消失。除了小农户自给自足的部分粮食、蔬菜生产之外，其他日常生活所需的物品基本由外部市场购入，与外部市场的联系越来越频繁，小农户封闭或半封闭的生产经营状态被打破（郭庆海，2018）。

第三，工资性收入成为家庭收入的主要来源。小农户家庭收入结构随着农民收入水平的不断提高而发生不断变化，工资性收入在小农户家庭收入结构中的比重越来越高。2010 年，工资性收入对农民增收的累计贡献度已经超过经营性收入，成为带动农民收入提高的主要源泉（王小华，2019）。2015 年，工资性收入首次超越经营性收入，成为小农户家庭最主要的可支配收入来源（刘进等，2017）。

在第二、第三产业相对发达且土地资源禀赋较差的地区，小农户家庭工资性收入占家庭可支配收入的比重已经升至60%以上，而经营性收入占家庭可支配收入的比重已经迅速下滑至25%以内。即使在我国农业资源禀赋较为丰富的东北地区，家庭经营性收入占比也降至70%以下（郭庆海，2018）。由于经营性收入对于小农户家庭的可支配收入的贡献度越来越低，农民对土地的依赖性也日益减弱。农民工资性收入的提高使其从事农业生产的机会成本增加，降低了农民的农业生产积极性，部分地区出现了抛荒、撂荒的情况，在农业生产中出现了"谁来种地""怎样种地"的现实问题，阻碍了农业生产效率的进一步提升，威胁到我国粮食安全问题（王玉斌和李乾，2019）。

第四，分工分业谋发展。随着家庭联产承包责任制的实施以及市场经济体制的改革，人民公社体制瓦解，农民也不再从事单一的农业生产活动，乡镇企业的发展使得农民有了更多的职业选择。虽然他们都还是农民的身份，但是其从事的职业、及其社会阶层均出现了一定程度的分化（高帆，2018），农民的同质化属性被打破。部分农民经过创业成为私营企业主、个体工商户，部分农民就近入职于乡镇企业，成为职工及管理人员。根据《中国统计年鉴》数据，1978～2022年乡村人口占总人口的比重由82.1%降至34.8%；第一产业从业人员的比重由70.5%降至24.1%。

第五，农业合作组织萌芽。由于小农户在上述几个方面的不断发展与演变，其社会交往方式也出现了一定程度的变化，比如各种类型的农民专业合作社、农村专业技术协会等外部经营组织的出现，促使小农户向新型农业经营方式转变，如土地托管、订单农业、土地流转等（郭庆海，2018）。

通过上述分析可见，虽然我国小农户土地经营的小规模、细碎化的现状并未得到根本性的转变，但是小农户从事农业生产经营活动的比例大幅下降，农业生产方式也呈现出了现代化的特征，小农户的生产经营方式和属性与传统农业发生脱离，再以传统农业生产的角度衡量当代小农户的生产特征与属性是不恰当的，可能会得出片面的、不确切的结论与认识。因此，应当站在新时代背景下及现代生产力发展的基础上，根据小农户在现阶段的属性与特征，探讨和分析小农户的农业生产决策行为及其对农业经营绩效的影响效应。

2.1.2　农业生产性服务的起源与发展

早在配第—克拉克时期，学者们在探究劳动力配置随经济发展而不断优化的过程中，就提及了类似于生产性服务业（producer services）的内容，这也是关于农业生产性服务业最早的文字记载。克拉克创造性地将国民经济划分为三大主要类别，即现在普遍应用的三次产业。第三产业是由多种不同的经济活动所构成的，克拉克将其统一概括为服务业，并对其进行了进一步的细分，分为服务部门（为其他生产过程提供服务）和消费部门（为最终消费者提供服务），前者即指生产性服务业，但在实际的社会经济活动中，其划分又具有一定的难度，例如银行业的服务，作为个体的最终消费者（消费部门）和作为生产过程中一个环节的企业（服务部门）均可享用银行的服务，但具体划分在哪个部门下统计是一个难点（程大中，2008）。第二次世界大战结束以来，服务业在各国的经济发展中发挥了越来越重要的作用，专家学者们对生产性服务业的关注程度也越来越高。格林菲尔德（Greenfield，1966）创造性地对生产性服务业进行了概括和总结，认为生产性服务业是在商品或是服务的进一步生产过程中所提供的并未导致最终消费的服务，也可以被称为生产者服务业。随后，勃朗宁和辛格尔曼（Browning & Singelman，1975）对生产性服务业的概念进行了延伸，认为生产性服务业存在于各个行业与领域，如农业、商业、金融等，具备一定的专用性以及知识密集性等特征，专业的技术人才与其掌握的专业技术知识是生产性服务业运行与发展的基本条件。

1. 农业生产性服务在我国的实践与发展

我国相关学者也对生产性服务业进行了探讨与探究，姜长云（2016）认为，农业生产性服务业是投入在商品或其他服务的生产过程中的服务，具体可分为两种不同的形态：一种是非独立形态，表现为非市场化与内部化，如小农户自给自足的农业生产环节上的服务；另一种是独立形态的生产性服务，具有市场化和外部化的特征，如农业服务企业向小农户提供的在不同环节的农业生产性服务。在现实中所提及的生产性服务业更偏重后者，即具有市场化和外部化特征，以满足中间需求为主，在中间生产环节向外部企业或组织投入服务的服务业，如农业生产性服务业、物流服务业、设计服务业、交通运输业等。

在生产性服务业发展的进程中存在由非独立形态向独立形态自然演进的趋势。当经济处于一个较低的发展水平时，市场化程度也较低，因此所导致的交易成本较高，生产性服务表现为非市场化和内部化；当经济发展到一定水平后，随着市场程度的提高，交易成本也逐渐降低，此时的生产性服务业表现为市场化和外部化，通过在市场中购买生产性服务即可完成生产过程，不需要进行自我服务。伴随着生产性服务业由内部化向外部化发展的趋势，一方面产业分工进一步发展，提高了资源配置效率，激活了社会经济活动的创新活力；另一方面单一的企业会在自身的核心领域加速发展，极大地提高了在市场中的竞争力（程大中，2008）。现代生产性服务业将知识资本和人力资本与服务的生产过程进行了有机结合，使得生产性服务业具备了技术密集或知识密集的特征，提高了现代产业的竞争力（姜长云，2011）。

农业的发展对生产性服务业的依赖性越来越强，生产性服务业在现代农业生产的不同环节也发挥了越来越重要的作用（Harry，1977），莱纳特（Reinert，1998）通过实证分析发现农业生产性服务对农业生产效率提高具有促进作用，阿莱西纳和罗德里克（Alesina & Rodrik，1994）发现在农业生产的过程中，生产性服务的内容不断丰富，并运用分工理论对这一现象进行了解释。随着农村劳动力的非农转移及农业新技术的普遍应用，生产性服务在我国农业领域中发挥着越来越重要的作用，逐步成为提高农业生产效率和带动农业生产经营方式转变的主要驱动因素（孙顶强等，2016）。2010年中国水稻研究所对我国8个水稻主产省份进行了农户调研，研究显示，80%以上的农户由于劳动力不足、技术匮乏等原因在水稻生产的不同环节购买了生产性服务（廖西元等，2011）。在水稻生产环节用于购买生产性服务的支出也逐渐提高，每亩地的支出费用从2004年的89.92元提高至2013年的252.93元；生产性服务支出占水稻生产总成本的比重也逐步提高，2004年时这一比例为36%，而到2013年时这一比例已经提升至48%，约占水稻生产总成本的一半（孙顶强等，2016）。因此，提高服务质量，优化服务结构，规范服务行为，构建现代农业服务体系对于农业生产、经营体系的创新，农业农村新业态的进一步发展，均具有非常重要的意义（王玉斌，2020）。

随着二、三产业的快速发展，农民从事农业与非农工作的收入差距逐渐拉大，青壮年劳动力外出务工的比例也逐年提高，劳动力的非农转移导致从事农业生产活动的人群主要为老人和妇女，青壮年劳动力的流失对农业生产经营活动产生了负面影响，农业生产性服务的发展与应用可以较好地解决农业劳动力老妇化、农业技能不足的问题（王志刚等，2011；胡雪枝和钟甫宁，2012；彭代彦和吴翔，2013；周宏等，2014）。此外，我国农业发展正处于由传统农业向现代化农业转型的重要节点，各类农作物的生产成本都在不断提升（肖皓等，2014），但是农产品价格因受政策管制的缘故，存在"天花板"封顶的硬性约束（方松海和王为农，2009），严重阻碍了我国农民在农业生产方面的收入提高，也影响了我国农产品在国际市场上竞争力（吴杨，2007）。为了较好地解决上述问题，各个地方开展了一系列的积极探索，农业生产性服务的发展被认为是一条合理的路径（姜长云，2016），中央及地方政府就农业生产性服务也出台了相关政策文件，以促进农业生产性服务业的发展（孙顶强等，2016）。生产性服务可以被视为农业生产中的现代生产要素，将其投入农业生产环节可以有效解决农民非农化、兼业化后所导致的劳动力不足的问题（郝爱民，2011），作为现代生产要素的生产性服务也可以实现对传统劳动力要素的替代，节省了要素投入成本并促进了农业生产效率的提高（姜长云，2011），对于加速农业生产经营方式的转型升级、推动农业的可持续发展均具有积极的影响（孙长学和郭冠男，2014），在促进小农户与现代农业发展有机衔接的过程中也起到了桥梁作用（王玉斌，2020；芦千文和高鸣，2019）。

2. 农业生产性服务与农业社会化服务的异同

早在20世纪90年代初，社会化服务的概念就已经被广泛提及，一般以1991年《国务院关于加强农业社会化服务体系建设的通知》的解释为其定义，即"农业社会化服务，是包括专业经济技术部门、乡村合作经济组织和社会其他方面为农、林、牧、副、渔各业发展所提供的服务"。尽管现在看来，部分政策的内涵、含义已经与现阶段农业的发展出现了偏差，但是从农业的整体发展历程而言，以"为小农户及其他经营主体提供产前、产中、产后的综合配套服务"为主要内容的农业社会化服务体系建设，为农业社会化服务、农业生产性服务等的繁荣发展局面奠定了坚实的基础。

1998年，党的十五届三中全会通过的《中共中央关于农业和农村工作若干重大问题的决定》，将"基本建立以家庭承包经营为基础，以农业社会化服务体系、农产品市场体系和国家对农业的支持保护体系为支撑，适应发展社会主义市场经济要求的农村经济体制"作为建设社会主义新农村的主要目标之一。在 2008 年召开的党的十七届三中全会上，通过了《中共中央关于推进农村改革发展若干重大问题的决定》，将"建立新型农业社会化服务体系"作为"要明确目标、制定规划、加大投入，集中力量办好关系全局、影响长远的大事"之一；明确提出"建设覆盖全程、综合配套、便捷高效的社会化服务体系，是发展现代农业的必然要求。加快构建以公共服务机构为依托、合作经济组织为基础、龙头企业为骨干、其他社会力量为补充，公益性服务和经营性服务相结合、专项服务和综合服务相协调的新型农业社会化服务体系"。2012 年国务院发布的《全国现代农业发展规划（2011—2015）》将"大力发展农业社会化服务"视为促进农业方式转型升级的把手，提出了"增强农业公益性服务能力""大力发展农业经营性服务"等明确的发展方针。从顶层设计的角度来看，对于如何进一步建设和发展农业社会化服务体系的政策思路已经逐步明晰（高强和孔祥智，2013）。

直到 21 世纪 10 年代，农业生产性服务的概念才被逐步提炼出来，这就导致了长期以来农业社会化服务与农业生产性服务概念界定不清，易被混淆使用。2012 年出台的《服务业发展"十二五"规划》中提及"加快发展农村生产性服务业"；2014 年国务院发布《关于加快发展生产性服务业促进产业结构调整升级的指导意见》，提到"生产性服务涉及农业、工业等产业的多个环节"。上述两个官方层面的政策文件中所提及的"农村生产性服务业"和"生产性服务业"与农业生产性服务较为接近。在 2015年 12 月召开的全国农村工作会议上，确定了 2016 年国家农村工作的重点内容，"积极发展农业生产性服务业"就在其中。这是"农业生产性服务业"首次在我国相关部委文件中出现（姜长云，2016）。2017 年 8 月农业部、国家发展改革委、财政部联合印发《关于加快发展农业生产性服务业的指导意见》，标志着我国已经将关于农业生产性服务业发展的整体框架初步建立起来（芦千文和高鸣，2020）。

农业社会化服务体系的开展与农业生产性服务的跟进发展在总体的政策导向上是趋于一致的，实质内容也趋于相似。两者均注重服务的社会化运行和多元服务主体的发展，既强调公益性服务与经营性服务、综合服务与专项服务的统筹发展，又重视其分门别类后的特色发展（芦千文和姜长云，2016）。但是两者之间也有明显的区别。在推进农业社会化服务体系的发展中更加注重系统性和配套性发展[①]，在地方的推进过程中，受传统思维定式的影响，更容易将农业社会化服务理解为由政府部门推行的公益性服务；从经营性服务的角度来看，人们普遍认为农业社会化服务是为新型农业经营主体等经营性组织所提供的服务，如家庭农场、农民专业合作社、产业化龙头企业等，经营性服务较为局限，若把提升经营性服务质量和扩展服务数量的重点放在新型农业经营主体上，不能从根本上推动农业生产性服务业的进一步发展（姜长云，2016）。与农业社会化服务体系相比，农业生产性服务的发展更加重视市场化与产业化的农业服务供给，将农业生产性服务视为整个农业产业链条的重要一环，通过农业生产性服务可以提升整个农业链条的价值（张红宇，2019）。

因此，相较于农业社会化服务体系，农业生产性服务业的兴起和发展与我国现阶段农业发展的特征相匹配，有利于引导农业服务业的发展朝着专业化、市场化、规模化、信息化、标准化的方向发展（冀名峰和李琳，2019）。在农业生产性服务的发展过程中，农业技术人才、先进的农机设备等优质的农业生产要素融入农业生产性服务业，促进了传统服务组织转型升级（农民专业合作社、供销社等）、加快了新型农业服务主体的发展（农业服务企业、家庭农场、农机大户等），进一步完善了农业生产性服务的运行环境，有助于农业生产性服务业甚至整个农业生产经营的可持续、高质量发展（姜长云，2016）。近年来，在很多地方实践中，农业龙头企业、家庭农场、种植大户等新型农业经营主体在完成自身的农业生产之后，也逐渐开始利用自身的农机设备为周边的小农户提供农业生产性服务，成为新型农业服务主体，兼具生产经营与服务的双重属性，对农业生产资源进行有效的整合和集成（钟真等，2014）。

由此可见，农业生产性服务业的兴起引起了社会各界的广泛关注，政

---

① 2005 年中央一号文件《中共中央　国务院关于进一步加强农村工作提高农业综合生产能力若干政策的建议》明确将农业社会化服务与管理体系作为加强农业发展综合配套体系建设的"七大体系"之一。

策层面有针对性地对农业生产性服务业的积极引导、对经营性服务组织的大力支持，有利于增加农业生产性服务的有效供给，拓宽农业生产经营思路，创新农业生产经营方式，加快我国农业实现现代化的进程。

2.1.3　小农户组织化对接农业生产性服务

姆瓦卡萨卡（Mwakasaka，2011）、希费劳等（Shiferaw et al.，2011）通过研究发现，服务组织载体是小农户与农业生产性服务连接的最有效方式。通过农业生产性服务组织，便于小农户搭乘现代化农业生产的"便车"，从而实现小农户与大市场的对接，进而促进农业的现代化发展与农民的增收。

从国内外的农业发展情况来看，农业服务的组织载体可分为以下三种类型：市场服务组织、农民服务组织和产业经营组织（郭庆海，2018）。市场服务组织的典型代表为农业服务企业和提供生产性服务的农机大户，其通过契约的方式，提供耕、种、管、收等单项环节或所有环节的农业生产性服务；而农村集体经济组织和农民专业合作社是农民服务组织的主要类型，属于农民互助组织性质，自我提供服务；产业服务组织的典型代表为农业产业化龙头企业，通过为小农户提供生产技术和生产服务，将小农户纳入龙头企业的生产链条，实现生产、销售与加工的农业一体化经营。

1. 市场服务组织

随着农村劳动力非农就业比例的逐渐扩大，青壮年劳动力外出打工造成了农业劳动力的老妇化发展，农业生产活动面临着严重的用工荒问题，因此，以市场服务组织为载体，为小农户提供农业生产性服务的服务组织在进入 21 世纪以来应运而生并得到迅速发展（徐勤航等，2019）。与此同时，国家对现代化农业机械设备的补贴政策，增强了个体农户购置农机设备的意愿，扶持了一批农机大户的发展。农机大户在完成自身地块的农机作业后，为收回购置农机设备的成本并获取更丰厚的农业收入，为周边的农户，尤其是小农户提供从播种到最终收获的各项环节的农业生产性服务。在这个过程当中，减少了农机设备的闲置率，提高了其利用效率，且有助于农机大户与小农户共同分享农业现代化生产的便利，解决小农户与现代农业发展之间的矛盾（Yang et al.，2013）。无论是农机大户还是农业服务企业，在为经营面积较小的农户提供农业生产性服务的过程中均具有灵活多变的特征，从单项服务，到多项服务，再到全程委托（托管）作业服务一应俱全（王蔚等，2017），至于选择何种服务及什么形式的服务，需要根据小农户的服务需求与服务主体的服务供给综合而定。

市场化服务组织在带动小农户对接农业生产性服务方面存在以下三个方面的优势：第一，市场化的农业生产性服务供给适合小农户目前兼业经营的状态，满足了小农户对生产性服务的需求，降低了机会成本，使得小农户家庭劳动力可以安心在外打工（罗必良，2020）；第二，在土地承包权仍属于小农户的基础上，将部分经营权或全部经营权通过交易的方式转移给市场服务组织，有利于现代化的不可分割的生产要素融入小农户的农业生产作业当中，如大马力的拖拉机、联合收割机等大型农机具（Byres，1981），虽然小农户无力购买先进农机设备，但可以通过向市场化服务组织有偿购买的方式获取先进的农机服务；第三，市场化服务组织在农业生产资料的供给中存在规模效益（徐勤航，2017），相较于小农户自己购买种子、农药、化肥等，市场化服务组织能够以较低的价格从批发零售商处购得农业生产所需的农业生产资料，在降低小农户购买成本的基础上，服务组织也可以获取一部分利润空间，创造出双赢的局面（杨子等，2019）。但是市场服务组织也存在一定的不足，比如在全程委托（托管）方式的服务中，需要连片化、大规模的作业面积才能保证规模效益，这就需要分散的小农户在种植的作物及所需的生产服务环节保持一致，但是在现实情形下，众多小农户间在农业生产的各项决策中保持一致的可能性较低，资源集聚与整合的难度较大，使得全程委托（托管）的农业生产性服务方式的开展较为困难（孙新华，2017）。另外，小农户通过市场交易方式从服务组织获取农业生产性服务时存在交易成本过高的问题，要解决此问题需要供需双方的共同努力。一方面，作为农业生产性服务的供给方，市场服务组织需要与村级组织合作，委托村级组织与小农户打交道，节省时间成本、协商成本等，同时还需提高自身的服务质量，提高小农户对市场服务组织的信任程度（芦千文和高鸣，2019）。另一方面，作为农业生产性服务的需求方，小农户在对市场服务组织认可的基础上，尽量减少年际间的变动，保持小农户与市场服务组织之间的契约稳定性，从而降低交易成本（于海龙和张振，2018）。

2. 农民服务组织

与市场服务组织相比，农民服务组织具有自我服务的特征，是市场交易行为内部化的一种制度安排（徐旭初，2005）。在家庭承包经营制的延续和三权分置政策的革新背景下，农户以土地承包权、经营权为基础，以地域联系为纽带，自愿加入以村级经济组织或各类农民专业合作社等为载体的自发联合、民主管理的农民服务组织（周应恒和胡凌啸，2016）。其发展可以带动农民组织化程度提升、集体经济功能重塑、规模效益集聚以及联合众多小农户共同抵御农业生产风险，进而带动农业整体效益的优化与提升（王曙光，2010）。

日本、韩国及中国台湾地区均具有人多地少、农业生产经营规模较小的特征，在整合分散小农户的土地资源时，农民服务组织发挥了巨大的作用，将小农户与现代化的农业生产进行了有效衔接，促进了本地区的农业现代化发展（孔祥智等，2012），农民合作社等农民服务组织经过20多年的发展，已经进入了较为成熟和完善的发展阶段（黄宗智，2015）。而我国的农民服务组织，无论是农民专业合作社还是农村集体经济组织，都未得到较好的发展（罗明忠和陈江华，2016；刘滨等，2009；李道和和陈江华，2015）。20世纪80年代中期，我国农民合作组织开始萌芽，目前已经历了近40年的发展，其间，为了支持和引导农民专业合作社的发展，规范农民在合作社中的行为，保护农民的合法权益，我国于2006年颁布了《中华人民共和国农民专业合作社法》。2019年我国依法登记注册的农民专业合作社已经达到了220万家，加入合作社的社员约为1.22亿户，普通农户成员约为1.16亿户，占比高达95.4%（张红宇，2020）。单纯从农业合作社发展的数量而言，如雨后春笋般突飞猛进。但是就其发展质量而言，可谓"惨淡经营"。相当大比例的合作社都是"假"合作社，徒有虚名（Hu et al.，2017），其发展处于停滞状态，有的合作社成立的目的仅仅是获取国家的财政补贴，有的合作社的成立是出于政绩需要或上级部门的考核任务（周应恒和胡凌啸，2016），在实际的经营过程中并没有涉及农业生产，更没有将利益惠及入社的广大成员（潘劲，2011；邓衡山和王文灿，2014）。还有的合作社实际上是龙头企业或农业生产大户为了获取政策红利所实际控制一个空壳，社员也并未实际加入合作社（张晓山，2009），合作社内部仍存在"大农吃小农"的运营逻辑（仝志辉和温铁军，2009）。从合作社为农户提供农业生产性服务的角度而言，90%以上的农民合作社并没有在相关方面有任何业绩，即便有少数合作社为农户提供生产性服务，也主要体现为"精英"获取利益的一种方式，商业与农户之间仍处于一种不平等的状态（Zhao，2010）。从农民合作社的发展情况来看，我国农民服务组织大多有名无实，在实际的农业生产经营中，带动小农户的能力较差，小农户分散的土地经营状况仍然是我国农业现代化道路上需要克服的困难。

3. 产业服务组织

农业产业经营组织一般以农业龙头企业为载体，在农业发达国家获得了较为成功的实践。与我国农业产业化的提法不同，它们推行"农业一体化"（agricultural integration）的发展（John & Roy，1957），虽然名称不同，但是内容的实质是极为相似的（张春华，2012）。20世纪80年代，以"公司＋农户"为主要形态的农业产业化组织在山东地区率先兴起，是我国农业经营创新历程中的一个重要节点（蒋永穆和高杰，2012）。农产品加工企业是农业产业化经营组织形成的主要驱动力，是其纵向一体化发展的必然产物。农业产业化经营组织的快速发展也引起了理论界的广泛关注，在不同角度进行了研究与探讨，牛若峰（2002）、徐刚（1997）从交易成本的视角分析了农业产业化经营组织在制度层面的优势；曹利群和周立群（2005）从产业分工的视角总结了农业产业化经营组织的形成原因及发展趋势；孙天琦和魏建（2000）、曹阳（2010）根据经济演化理论，运用生物"共生"原理研究了农业产业化经营组织的演进规律。

农业龙头企业通过组织农户的方式，给农户统一提供良种、技术与生产经营层面的指导，稳定了农业龙头企业的农产品购入来源，农产品的标准化程度也得以提高。从农户的角度而言，生产出的农产品有了稳定的销售渠道，且销售价格稍高于市场价格。这种稳定的购销关系增加了农产品买卖双方，即农业龙头企业和农户之间的购销稳定性，减少了交易风险，有利于交易费用的降低。但是在实际的运行当中，农户的小规模分散经营的状态及其契约精神的不足容易导致交易中违约现象的发生（蔡海龙，2013），例如，在市场行情不稳定的情况下，市场价格高于企业收购价格时，农民为了追求更高的农业经营收益，容易违约将农产品独自销售至市场中。实践证明，农业龙头企业带动农户的组织化模式，不但没有降低交易成本，反而因违约风险问题产生较高的交易费用，另外，加之农户在与农业龙头企业缔结契约的谈判过程中存在地位不对等的现象，以农业龙头企业为代表的农业产业经营组织在发展过程中面临重重障碍，缺乏长期效率（汪爱娥和包玉泽，2014）。

王阳（2009）认为合作社的介入能够在农业龙头企业与农户之间起到"牵线搭桥"的作用，合作社上连龙头企业，下接分散的小农户，发展成熟与功能完善的合作社能够提高农业产业组织的运营效率。一方面农民合作社要帮助龙头企业对接分散经营的小农户，监督小农户的生产经营行为，避免违约现象的发生，降低道德风险出现的可能性；另一方面农民合作社要代表小农户与龙头企业签订契约，协调小农户与龙头企业的利益纠纷，防止龙头企业对小农户"以大欺小"的利益侵害（罗必良等，2002）。但是我国农民合作社的弱势发展和经营惨淡的现实状态，从一定意义上来说，制约了农业产业组织的经营与发展，起到纽带作用的农民合作社若不能得到有效的发展，农业产业经营组织在带动千家万户的小农户的组织化进程中将"举步维艰"。

2.1.4 农业生产性服务与农业经营绩效

1. 农业生产性服务与农民收入

农村居民的收入增长和收入差距一直是社会关注的热点话题之一，当前我国农村地区老龄化现象越来越严重，加之农村劳动力非农转移进程的加剧，如何有效增加农民收入，成为社会各界所关切的重要议题（陈宏伟和穆月英，2019；邱海兰和唐超，2019）。以农业生产性服务的发展带动农民收入的提升，是2019年中央一号文件《中共中央　国务院关于坚持农业农村优先发展做好"三农"工作的若干意见》的重要政策指示，在农业生产成本不断上升、农村劳动力持续转移的背景下，农业生产性服务业的高质量发展是提升农业综合效益和竞争力，进而扩展农民增收的渠道（张荐华和高军，2019），又是家庭承包经营制度下农民增收的可行路径（唐林等，2021；钟甫宁，2016；黄慧芬，2011），还是我国乡村振兴战略的重要内容。

相关专家学者们在探究农业生产性服务与农民收入的关系时，主要从以下两个方面展开：一是农业生产性服务对农民收入水平的研究；二是农业生产性服务对城乡收入差距的研究。从农民收入水平的角度来看，农业生产性服务对农民收入的提升作用得到了学者们普遍的认可。郝爱民（2011）通过对1990~2009年省级面板数据的实证分析，发现农业生产性服务对我国农业生产效率的提升及农民收入的提高起到了重要的作用，其中，农业技术的推广和农产品的销售服务对农民收入的提高具有显著作用。陈军民（2013）利用河南省统计年鉴等官方数据，实证考察了农业生产性服务与农民收入之间的关系，结果表明，在总体上农业生产性服务业的发展对农民收入的提高具有积极的影响作用，从不同服务环节来看，农业机械服务、农产品销售服务和农技推广服务对农民收入的提高有显著的正向影响。张世花（2019）利用除西藏、港澳台外的全国30个省份的面板数据证明了农民增收与农业生产性服务业的发展呈显著的正相关关系，农业信息化服务对农民收入的提升效应最为强烈，此外，农业生产性服务业的发展对城镇化水平的提高和农业生产效率的提升均具有积极影响。陈宏伟和穆月英（2019）利用对环渤海地区的蔬菜种植农户的调研数据，进行了实证分析并发现了农业生产性服务可以显著带动蔬菜种植农户增收，农业机械服务和农业技术服务对农户的增收效果显著，其中，农业机械服务的显著水平最高。

从城乡收入差距的角度来看，鲁钊阳（2013）通过对我国28个省（自治区、直辖市）1991~2010年的统计数据的实证分析，发现城乡收入间的差距随着农业生产性服务业的发展而逐步缩小，农业技术推广服务、农产品销售服务、农业生产资料配送服务、农村金融保险服务的开展都对城乡之间收入差距的缩小具有促进作用。叶宇航（2017）以《中国农村统计年鉴》和《中国金融统计年鉴》为数据源，选取了除西藏、港澳台外的30个省份为样本区域，利用1999～2010年的截面数据，分析了农业生产性服务业的发展可以延长农业的产业链条，扩展农业价值链，使得农业产业结构得到优化，农业生产效率得到提升，农民收入渠道得以拓宽，从而缩小了城乡之间居民收入的差距。张荐华和高军（2019）采用2003～2017年除西藏和港澳台之外的30个省级行政单位的数据进行实证分析，研究得出农户获取农业生产性服务有利于城乡之间居民收入差距的缩小，并且对周边区域存在一定的空间溢出效应；伴随着城镇化进程的不断加速，农业生产性服务对城乡居民收入差距的影响由之前的促进作用逐渐转变为抑制作用，且抑制作用越来越明显，即对城乡居民收入差距缩小的影响作用逐步提升。

还有一小部分学者认为农业生产性服务受社会经济政策环境、个体行为差异、地理因素等多方面的综合影响，对其促进农民增收的作用存在疑虑，未能得到肯定性的研究结论（Ragasa & Mazunda，2018；Mumtaz & Gopal，2018；Coelli & Battese，1996）。

2. 农业生产性服务与农业生产效率

农业生产性服务对农业生产效率的促进作用在农业生产性服务开展较早的农业发达国家得到了较为一致的结论，将其视为提升农业生产效率的关键因素之一（Barry，1995）。哈里（Harry，1977）通过对加拿大农业发展的研究发现农业部门的兴盛与农业生产性服务业的成长密切相关，在这一过程中，农业生产效率也得到了不断提升。农业生产性服务通过带动农业生产环节的技术进步（Moser & Barrett，2003）、推动土地变革（Adams，2011）、促进服务贸易发展（Reinert，1998；Alston et al.，2010）、推动产业集群化发展（Richard，2002）等多种方式，对农业生产效率产生积极的正向影响。近年来，随着农业劳动力的非农转移和农业现代化的发展，我国的农业生产性服务业迎来了发展的黄金时机，耕地、播种、病虫害防治、收获等不同生产环节均需要农业生产性服务的支撑，农机的跨区作业服务更是引起了全国范围内的农机服务热潮（Bouchard et al.，2015），备受社会各界的关注，就农业生产性服务与农业生产效率这一研究主题展开了一系列的讨论。

绝大部分专家学者通过研究发现，从提升农业生产效率的角度而言，农业生产性服务业对其具有显著的促进作用（Coelli & Rao，2005）。弗朗索瓦（Francois，1990）认为农业的社会化分工是农业生产性服务的本质，不同农业生产环节的可分性为农业分工奠定了基础，通过生产环节的分工作业，一方面可以实现机械等价格相对较低的生产要素替代价格较高的人力要素的投入；另一方面也可以促进农业生产的规模经营从而实现规模经济效应，降低农业生产成本，提高农业生产效率（陈超等，2012）。通过增加在农业生产环节的中间投入，如从工业"进口"农业机械服务（罗必良，2009），在一定程度上改变了农业生产特性，改造了传统农业，从而改善了农业生产环节的分工效率，对劳动生产率和土地生产率产生了正向影响，提升了农业生产效率（Ji et al.，2012；钱龙和洪名勇，2016；王新利和赵琨，2014；杨勇等，2017）。分散小农户对农业机械服务的需求是小规模的、有限的，但是将众多小农户的服务需求整合后就具备了一定的市场容量，有助于培育农业服务组织的发展，专业化服务组织的培育和发展与市场容量之间又具有相互促进的效应，有利于进一步扩大市场容量，从而实现农业生产的"服务规模经营"（张露和罗必良，2018）。因此，作为农业生产性服务供给方来说，应以产业分工理论为指导，进一步深化农业生产性服务供给的专业性，为更多的农户提供服务，从而降低农业机械的平均使用费用，提高成本效率（蔡键和唐忠，2016），通过引入现代化的机械生产要素来替代传统的劳动力生产要素对农作物的生产技术效率具有提升效应（胡祎和张正河，2018），有利于降低农作物的生产成本，减少成本效率的损失（虞松波等，2019）。

在基于农业生产性服务可以促进生产效率提高的研究基础上，相关学者以不同的研究视角为切入点，进行了更为细致的探讨。陈超等（2012）、伊曼纽尔等（Emmanuel et al.，2016）、维尔卡特等（Verkaart et al.，2017）通过研究发现，在水稻生产的不同环节的农业生产性服务对水稻生产的技术效率影响存在差异，与劳动替代型的农业生产性服务环节相比，技术替代型的生产性服务环节对生产效率的影响效应更为显著，具体而言，在耕地、收获等劳动密集型的农业生产性服务环节的投入对水稻的生产效率影响并不显著，但是在育秧、飞防作业等技术密集型的农业生产性服务环节的投入对水稻的生产效率具有显著的促进作用（张忠军和易中懿，2015）。孙顶强等（2016）通过实地调研和实证分析后却得出了相反的结论，研究结果显示劳动密集型的农业生产性服务环节对水稻生产的技术效率具有显著的提升作用，而技术密集型的农业生产性服务环节对水稻生产的技术效率呈显著的负向影响作用。

　　杨子等（2019）选取了江苏省两个县为样本地区，通过对区域内的农户进行实地调研，并利用随机前沿生产函数模型得出研究结论：农业生产性服务在总体上对农业生产的技术效率的提高具有显著的促进作用，但是对不同规模的农户的提高程度存在一定的差异，具体而言，农业生产性服务对规模较大的农户（规模经营主体）的技术效率的提升作用显著高于分散经营的小规模农户。王玉斌和李乾（2019）运用中国家庭收入调查数据（CHIP），分析了农业生产性服务对粮食作物土地生产率的影响，在总体上，农业生产性服务对粮食作物的土地生产率具有正向促进作用，但是对不同作物种类的影响效应存在差异，对小麦土地生产率的影响不显著，但对水稻土地生产率的提高具有明显的促进作用。在水稻的不同生产环节当中，农业生产性服务对土地生产率的影响效应也不尽相同，灌溉和农机服务对土地生产率具有显著的正向影响，但在农业生产资料购入及病虫害防治环节对土地生产率并没有显著的影响作用。魏修建和李思霖（2015）利用数据包络分析方法（DEA），对我国各个省份2003～2011年的农业生产效率进行了测算，据此，对农业生产性服务业与生产效率之间的关系进行了进一步的探讨与分析，研究结果表明农业生产性服务业的发展有利于农业生产效率的提高，进而提升农业的整体竞争力，其对农业的发展带动作用不亚于工业。

　　也有少部分学者从劳动分工的角度探讨了农业生产性服务对农业生产效率的影响，将农业生产性服务的本质归纳为雇工劳动，这与家庭自用工是有差异的，雇用的劳动力在农业生产作业中责任意识淡薄，且雇主对雇工的劳动监督考核存在一定的困难，因此导致雇用劳动力的劳动生产率低于家庭自用工，农业生产环节的服务可能会存在效率损失（Deolalikar & Vijverberg，1983；Coelli & Battese，1996；孙新华，2013）。

2.1.5　文献述评

现有文献从小农户经营的传统特征与属性，农业生产性服务的起源与发展，小农户组织化对接农业生产性服务，农业生产性服务与农业经营绩效等方面进行了系统的研究，厘清了在新时代背景下小农户、农业生产性服务等相关概念的界定，明晰了农业生产性服务对农民收入和农业生产效率的影响机制，丰富了以人地关系协调发展为理念的人口经济学和土地经济学理论。然而，对小农户组织化获取农业生产性服务的相关研究在以下几个方面仍有待深入。

第一，从2010年左右农业生产性服务被提及以来，关于农业生产性服务的相关研究在逐步增加，但仍有待丰富。农业生产性服务近年来受到了社会各界的广泛关注，从农业生产性服务的起源、定义、特征及对农业经营绩效的影响等不同方面做了相关研究，但由于对农业生产性服务这一热点问题关注的时间较短，系统和深入的研究仍有较大的补充空间，在农业生产性服务的获取机制，农业生产性服务供需的高效对接，带动小农户与农业现代化的有效对接等方面进行进一步的完善。

第二，在探讨小农户以组织化的形式获取农业生产性服务的现有文献中，多从获取途径、获取方式以及获取机制方面进行理论上的探讨，如小农户如何与现代农业的发展进行有机衔接，小农户如何通过农业生产性服务与现代农业进行对接，小农户通过何种形式实现组织化，小农户如何以组织化的形式获取农业生产性服务等。但是对小农户组织化获取农业生产性服务的演进逻辑，以及小农户组织化获取农业生产性服务的实证分析方面还存有研究空白，尤其是小农户组织化获取农业生产性服务对农民收入和农业生产效率的影响研究，这对于我国粮食安全的稳定和乡村振兴战略的实现具有重要意义。

第三，近年来，我国在政策设计层面大力推行两种形式的农业适度规模经营——以土地流转为代表的土地规模经营和以农业服务为代表的服务规模经营，在理论和实践中，农业适度规模经营均可有效地带动我国农业现代化的发展，农业生产环节的机械化作业及先进技术的应用均可对农业生产效率产生正向影响，且促进了农村劳动力的非农转移，对于提高农民进城务工等工资性收入，进而提高小农户家庭总收入有积极作用。但是，我国小农户耕种的耕地面积仍占总耕地面积的 80% 左右，可知，大多数小农户还是倾向于以家庭经营的方式耕种土地，这背后的原因是什么？现有文献对此并没有进行深入的探讨与分析，然而，对此问题的解读与回答，对于带动小农户组织化，以及通过组织化的方式获取农业生产性服务，进而实现小农户与农业生产现代化的有机衔接具有重要的理论指导意义。

当前，我国农业发展已经进入了由传统农业向现代农业转型的关键时期，而现代农业发展的前提条件之一便为土地的规模化经营。作为革新农业生产方式的新手段，农业生产性服务打破了限制农业规模化经营的制约因素，为小农户生产经营决策提供新参考和新思路。为此，本书梳理了小农户组织化获取农业生产性服务的演进逻辑，以实地调研数据为基础，实证考察小农户通过组织化的方式获取农业生产性服务这一决策行为的影响因素，并进一步探究小农户组织化获取农业生产性服务对农民收入和农业生产效率的影响效应，明晰小农户组织化获取农业生产性服务对其农业经营绩效的影响作用，并为推动小农户组织化的建设提供针对性的政策建议。

2.2　理论基础

对具有重要指导意义的理论进行梳理是建立理论分析框架、进行实证研究的前提条件，因此，对农户行为理论、分工理论、交易费用理论、合作组织等理论进行解读与分析，以期为开展相关研究奠定良好的理论基础。

2.2.1　农户行为理论

1. 小农经济行为假设

小农经济是否是理性的？道义小农和理性小农是西方经济学中关于此

问题的两个主要观点（饶旭鹏，2011）。道义小农的思想起源于苏联经济学家恰亚诺夫（Chayanov），其在《农民经济组织》一书中将道义小农的思想观点进行了完整的论述。恰亚诺夫认为小农户集生产与消费于一体，生产和消费的决策无法完全分离，若单纯用"利润最大化"来衡量小农的生产行为是不全面、不准确的，应以"家庭效用最大化"为基础来理解小农的生产行为，家庭效用即小农家庭内部劳作与消费之间的一种动态平衡关系（王庆明，2015）。这一思想由美国经济学家詹姆斯·斯科特（James Scott）进行了梳理与总结，并且最先提出道义小农的观点。耶鲁大学斯科特教授在此基础上进一步对道义小农理论进行了补充，在其著作的《农民的道义经济学》一书中，通过对东南亚小农的研究，发现在面临社会经济环境动荡和农业生产风险时，小农家庭生产的主要目标为保证粮食生产安全，防止农作物歉收，而不是追逐利益的最大化，因此，斯科特将"安全第一"作为小农家庭生产的首要法则。

与道义小农不同，理性小农将农户视为与企业主相同的理性经济人，利益最大化是其做出决策时最主要的考量因素。理性小农理论的代表人物为美国经济学家舒尔茨，他在《改造传统农业》一书中提到，虽然传统农业的生产要素投入较为落后，但是小农的思维意识并不保守，是谋求进取的，在经济上是理性的，这一特性与资本主义企业家相同。虽然小农在农业生产的过程当中会充分考虑投入产出及农业风险问题，并综合利用其他生产要素，实现生产要素的合理优化安排，但是传统农业生产中的价值量较小，无法有效增加小农的收入。因此，舒尔茨认为传统农业是贫穷但有效率的。在此基础上，他提出了改造传统农业的思想，主要有以下三个方面：第一，引导成立可以较好适应市场变动的家庭农场；第二，在农业生产中积极投入现代化的生产要素；第三，提升人力资本质量，如受教育程度、健康因素等。在舒尔茨总结的小农具备理性特征的观点之上，波普金（Popkin，1979）进行了更为深入的研究，强调小农的利益最大化追求和决策的理性思维。在小农的决策行为中，有些理性的决策是看似不理性的，比如拒绝新技术的应用、农产品流通贸易等。在不同的制度安排和社会经济环境中，小农的利益追求方向有所差异，当处于饥荒时期时，农民的最主要目标是生存，为了延续生命，他们会为了生计的考量而尽可能规避所有的风险，如生产风险、交易风险、自然风险等（宋雨河，2015）。当经济环境有所发展，社会运行趋于平稳，各项制度安排较为妥善之后，小农所面临的风险程度大大降低，其"趋利"的特性就会成为其生产决策的主要影响因素。

2. 小农理性与农民分化

虽然理性小农是以传统农业中的小农户为研究对象所得出的理论，但是对于我国现阶段大量小农户存在的国情和农情仍具有一定的参考价值。小农经济在我国存续了上千年的时间，具有历史的积淀与传承（潘璐，2012），自给自足是小农经济最为突出的特性，由于传统的农业生产方式较为落后，小农家庭成员世代从事农业生产活动，缺乏流动性，如果没有社会经济动荡，小农经济是非常稳定的。随着时代的变迁，我国根据社会发展的需要陆续展开了各项制度变革，如农村土地制度改革、市场经济体制改革等，这促使小农的理性行为在一定程度上进行了转变（杜润生，2005；郑风田，2000），由生存理性逐步向经济理性变化。从不同的地区来看，经济欠发达地区的小农更偏重生存理性，而经济发达地区的小农更倾向于经济理性（翁贞林，2008）；从家庭的不同收入水平来看，随着小农家庭收入的逐步提高，其行为也由生存理性向经济理性逐步转化（陈雨露等，2009）。

在小农行为决策由生存理性向经济理性转变的过程中，农民之间也开始出现分化，如把全部精力投入在农业生产中的纯农户，把所有精力投入在非农行业的非农户，以及介于两者之间的兼业农户。在农民分化的视角下，从事农业生产活动不再是农民的唯一选择，在土地的小规模、分散化的经营状态下，很难实现较大的经济效益，农民为了家庭收益的最大化目标，开始向非农行业转移，在农业生产方面减少资金和精力的投入，出现兼业化甚至弃农的农业经营行为；也有部分农户受劳动力、土地等资源禀赋的约束，未向非农行业转移，仍保持小农的生产经营状态；还有一部分农民为了实现农业生产的规模效益，选择从其他小农户手中转入更多的土地，进行农业的规模化经营，同时从外部获取农业机械服务、金融保险服务等现代化生产要素，从而使得小农户家庭可以获取可观的农业收益。

农户行为理论对本书的借鉴意义在于，对小农户在农业生产经营行为的判断和观察具有一定的指导意义。小农户是否选择组织化获取农业生产性服务是其农业生产经营中的一种决策行为，农户行为理论有助于把握和判断小农户组织化获取农业生产性服务是否为利益最大化的考量，以及其他影响小农户组织化获取农业生产性服务的因素，为推动小农户的组织化建设提供合理的政策建议，具体将在本书的第 5 章进行阐述。

2.2.2　分工理论

长期以来，分工一直是经济学研究中的一个重要主题，在众多经济学派中，如古典经济学、新古典经济学、新制度经济学等都对分工这一主题进行了丰富的理论研究，形成了分工理论。

1. 古典经济学的分工思想

斯密是古典经济学派的代表人物，他通过对一家制造厂的实例研究发现，分工对于提高劳动生产率具有重要的作用，并把分工视为经济学研究的一项重要内容。斯密对分工的思想可概括为以下几个方面。第一，分工对于劳动生产率的提高具有促进作用。不同的工人被安排相对固定的工作任务可以提升工人的工作熟练程度，从而节省工人的劳动时间，有利于在生产中投入先进的生产技术，促进了劳动生产率的全面提升。第二，资本的积累是分工的前提条件。在工人的总量维持在一个相对稳定的状态时，因每个工人在单位时间内加工的生产资料数量有所提高，为了满足新的生产力的需要，生产资料的储备量也随之增加，因此，有足够的资本积累作为保障，可以促进劳动力的分工。第三，市场规模的大小会影响分工的程度。分工程度不受企业主的主观意志所控制，是由市场规模的大小来决定的，如果市场交易贫乏、购买力不足，分工就无从谈起，同时，市场规模的大小也受到区域范围内的人口、资本及交通运输条件的影响（斯密，1776）。

古典经济学派将劳动生产率提高的原因归结于分工的发展，其对分工的理解与论述可以归结为以下几个方面。第一，生产过程因分工发生转变。分工之前，生产环节中的各道工序是按顺序依次进行的，当生产过程被分割成若干独立的环节时，生产的整个过程可以在时间和空间上进行统一调配。第二，分工可以有效推进生产的专业化发展。由于生产环节的细分，使得每个环节都可以相对独立地进行专业化发展，通过分工与协作，个人的生产力得到提高，促进了集体生产力的提高，从而有助于提升劳动生产率。第三，科学技术条件限制了分工的程度。产品的技术性质决定了分工这一组织形式的产生，在科学技术处于较低的水平时，生产过程的细化与分解程度有限，随着科技的不断进步，生产手段和工具逐渐丰富，生产环节得以被不断分离，分工的水平和程度得以提高。第四，分工有利于完善社会各部门的供求体系。在生产环节分离的情况下，生产一种产品可以由不同的生产部门共同协作完成，在生产过程中，每个部门都有其需求，且需要其他部门的供给来满足，当各个部门生产与消费在一定的合理范围内时，供给和需求呈均衡状态，供求体系相对稳定。

2. 新古典经济学的分工思想

马歇尔是新古典经济学派的代表人物，他从组织和报酬递增的角度丰富了分工理论。一方面，组织首次被视为同资本、土地、劳动力等生产要素具有同等地位的一种要素投入生产环节，合作社、股份公司、企业联盟等不同形式的组织均能促进分工的产生，从而获取分工经济；另一方面，通过科学技术的推广、高科技产品的研发、专业技术人员的培训等方式，促进生产分工，产生外部经济，从而实现报酬递增，同时，同一企业可以扩大自身的生产规模，通过企业的内部分工实现企业内部经济，边际效益也得以提升。

杨（Young，1928）在马歇尔和斯密的研究基础上，进一步探讨了分工、组织结构和报酬递增之间的相互关系，其主要思想观点有以下几个方面。第一，分工程度与市场大小之间具有耦合关系，两者之间相互作用、互为因果，市场规模的大小会影响分工的深化，而分工的程度也会影响市场的大小，这与斯密所提出的市场规模决定分工程度的单向关系有所区别。第二，分工经济的实现依赖于间接生产方式。劳动分工产生了报酬递增，通过生产性服务及生产资料的投入，以迂回或间接的方式获取分工经济。第三，分工效应是企业之间相互作用的结果。行业内其他企业的规模大小可以影响独立的单个企业，同时，行业之间也存在相互影响，因此，报酬递增的现象应综合多个企业及多个行业的运行情况来审视。

贝克尔和墨菲（Becker & Murphy, 1992）通过构建投入—产出模型来探讨分工经济问题，要素投入包括分工、协调成本及知识积累，其主要思想有以下几个方面。第一，分工内生于经济增长。虽然分工是推动经济增长的重要因素之一，但是没有外生影响因素的情况下，经济仍可以保持增长的态势。第二，协调成本影响分工的发展。协调成本会随着分工的发展而出现，而协调成本的增加会影响分工的深化发展。第三，知识的积累对分工的发展起到促进作用。知识的积累可以提升人员的基本素养，提高工作的效率，对协调成本的降低具有促进作用，从而带动分工的发展。

斯蒂格勒（Stigler, 1951）重点强调了分工会负向影响市场的发展程度及市场的专业化程度，分工在实质上是企业职能的不断分解，分化的职能由其他企业来完成的过程，随着分工过程的不断深入，市场的结构会受其影响，比如市场垄断现象的产生。舒尔茨（Schultz, 1993）认为报酬递增在很大程度上受人力资本的影响，专业化的分工促进了员工的知识积累，人力资本质量的提升促进了报酬递增。

3. 新制度经济学的分工思想

新制度经济学在对分工的研究中重视制度在其中发挥的重要作用，这一点与古典和新古典经济学对分工的研究有所区别。科斯（Coase, 1937）从交易费用、资产专用性、制度安排等视角出发，研究了分工的发展，其主要观点有以下几个方面。第一，清晰的产权归属关系是分工与交易的前提条件。究其根本，分工和交易是从不同的角度对同一问题的解释，两者之间相辅相成、互为因果，然而，清晰的产权界定是分工生产和商品交换得以顺畅进行的基础保障和前提条件。第二，交易费用是伴随分工与交易的形成而产生的。交易费用指在交易规则的制定过程中以及交易发生的过程中所需付出的成本，以清晰的产权界定为基础，对分工及专业化的生产存在一定影响。第三，制度安排制约了分工的发展。正式制度（如交易规

则、合同等）与非正式制度（道德、文化等）均会影响分工的发展，制度
变迁的方向与程度影响分工的进一步发展。

威廉姆森（Williamson，1985）对组织形态与交易费用之间的关系进
行了研究，认为分工的不断深化与生产的不断专业化会导致交易费用的不
断提高，当分工与专业化发展到一定程度时，由于不断攀升的交易费用，
使得一体化生产的企业可能比分工更具效率，分工与专业化的发展受到约
束。阿尔奇安和德姆塞茨（Alchian & Demsetz，1972）认为收益分配和劳
动监督是企业存在的重要原因，劳动分工所产生的效益很难在各个环节进
行公平的分配，以及分工后劳动监督的困难性，推动了企业的产生与发
展，企业中相应的制度安排可以较好地解决上述问题。诺斯（North，
1990）认为虽然分工会使交易费用有所增加，但是也会促进生产成本的降
低。至于对总成本的影响，还要综合考虑交易费用和生产成本的边际效应
大小的比较。杨小凯（1998）对分工的看法与新制度经济学派相似，他认
为交易效率的提高是分工深化发展的基础。分工的产生使得企业可以获取
分工经济和收益，但同时也会产生交易费用，提高了生产成本，但是可以
通过市场环境优化的方式来促进交易效率的提高，从而带动了交易费用的
降低，促进了分工的进一步发展。

通过分工理论的发展历程来看，分工理论源于古典经济学，产品生产
过程因分工的出现而发生了改变，促进了生产的专业化发展，提高了劳动
生产率，成为经济增长的新动力，技术、资本及市场规模等都对分工的发
展有一定的影响。在新古典经济学派对分工理论的研究中，将报酬递增和
间接生产方式纳入其中，发现报酬递增是分工促进经济增长的重要影响因
素，并指出分工的发展与市场规模的大小之间具有相互影响的作用。新制
度经济学把交易费用、产权界定和制度安排等引入分工理论框架，认为清
晰的产权归属是分工的前提条件，分工在降低生产成本的同时也产生了一
定的交易费用，分工的深化发展受交易费用和制度安排的制约。以上各经
济学派的研究表明，分工的发展可以促进经济的进步，但也会受到多方面
因素的影响。

农业生产性服务的发展来源于农业生产环节的分工，分工的深化发展
又促进了农业生产性服务的交易，反过来又加速了专业化分工的发展。通

过生产环节的细分，农业生产性服务对农业生产效率的提高具有一定的影响，对本书具有重要的借鉴作用，具体将在本书的第7章进行详细的分析。

2.2.3　交易费用理论

交易费用的概念随着新制度经济学兴起在经济理论分析的过程中得到了普遍的应用，并随着研究的不断深入，交易费用逐步成为一个独立的理论体系，尤其对正在发生经济转型的国家更具指导意义。

1. 交易分工视角下的交易费用理论

交易费用的产生与市场化的分工密切相关。科斯（Coase，1937）认为市场化分工衍生了交易费用，是享受分工带来的便利所需付出的代价。交易费用贯穿生产经营的各个方面，如事前准备阶段的费用、交易过程中所产生的费用以及应对风险的发生所付出的费用，在企业的内部管理中也会有协调费用、监督费用、管理费用等内部交易费用产生，企业规模的大小以及分工的程度受交易费用的制约；相反，交易费用也会对企业规模及分工程度产生影响。杨（Yang，1991，1995）将交易成本进行了细分，分为内生交易费用和外生交易费用。前者指因交易各方在交易的过程中为了获取更多的收益而没有做出最优的决策，导致总体收益受损；而后者则表明直接或间接产生于交易之中的费用。其对交易费用理论的概括主要有以下三个方面。第一，分工是产生交易费用的源泉。专业化的社会分工使得企业之间产生了交易行为，为了保障交易的顺利完成，必然需要支付一定的交易费用。第二，交易效率决定了交易费用的高低。交易效率包括产品交易效率和劳动交易效率，交易效率存在于企业之间的交易及企业内部的生产过程之中，交易效率越高，交易成本越低，交易费用越少。第三，交易决策中的"利己"行为会产生交易费用。交易主体在做决策时往往希望自身获取更多的利益，而减少交易对方所应得的利益，这就导致了资源利用没有处于帕累托最优状态，产生了额外的交易费用。

2. 交易契约视角下的交易费用理论

在交易契约视角下，契约的履行是探讨交易费用的中心问题，重视契约与交易费用之间的关联性。科斯（Coase，1960）认为在履行契约的过程中，存在多种形式的交易费用，如交易谈判费用、合同协商费用、生产监督费用、契约拟定费用等。达尔曼（Dahlman，1979）围绕交易契约将交易费用进行划分，具体分为三种：一是签订契约前交易双方因信息搜寻所付出的费用；二是签订契约时因决策成本所付出的费用；三是签订契约之后因执行和监督交易进行所付出的费用。威廉姆森（Williamson，1985）从资产专用性、交易的不确定性和交易的频率这三个角度来探讨和研究交易费用。其中，资产专用性指特殊的耐久性资产向其他用途转换的难易程度，一般而言，资产专用性越强，向其他用途的转换越困难，若交易不成功时，产生的交易费用较高，损失较大；交易的不确定性指因无法预测的变故对交易产生的影响，如自然灾害等突发事件、交易双方的信息不对称等；交易频率指在特定时间段内，所发生交易的次数，契约方式的选择在一定程度上受交易频率的影响，从而影响了交易费用的多少。

交易契约视角下，交易费用理论的主要思想观点可归纳为以下三点。第一，在交易契约的整个过程中，始终存在交易费用。无论是签订契约前、签订契约的过程中，还是签订契约后的履行监督环节，交易费用贯穿其中，是契约履行所必须支付的成本。第二，交易费用随契约安排的变化而变化。市场交易可以由多种方式来完成，因此也就出现了不同的契约安排，不同的契约安排下，交易费用也有所差异。第三，资产专用性、交易的不确定性和交易频率均会对交易费用产生影响。资产专用性越强、交易的不确定性越高以及交易频率越高，均会促进交易费用的提高。

此外，张（Cheung，1969）从制度安排的角度来解释交易费用，其认为生产生活中只要存在两人及以上，就需要建立相应的制度来规范人的行为，从而产生相关的交易费用，如人与人之间的信息交换成本、谈判成本、监督管理成本等，交易费用随制度的产生而出现，实质上属于一种制度成本。

上述观点均是以新制度经济学的分析范式为基础，从不同的方面探讨和研究了交易费用。交易分工视角下，分工与专业化的发展促进了交易的增加，在交易发生的过程中必然会出现交易费用，交易过程中的效率是影响交易费用多少的重要影响因素，随着交易效率的提高，交易费用逐渐降低，生产组织形式也会因交易效率的高低而有所差异。交易契约视角下，交易费用因契约的履行而贯穿整个交易过程，不同契约方式下的交易费用也不尽相同，契约方式的选择对交易费用有至关重要的影响，同时，资产专用性、交易的不确定性以及交易的频率都会对交易费用产生影响。

以上理论思想对本书的研究具有重要的启发作用，小农户购买农业生产性服务实质上也是一种交易，小农户选择自己购买还是通过组织化的方式购买实质上是交易的不同组织形式。对交易费用的理解和把握，加之对农业农村实际的生产情况和小农户禀赋特征的深入调研和了解，对于深入剖析小农户组织化获取农业生产性服务的运行机制及研究其对农民收入和农业生产效率的影响作用具有重要的理论指导意义，具体将在本书的第 4 章、第 6 章和第 7 章进行详细阐述。

2.2.4　合作组织理论

1. 早期合作组织思想

产生于 16 世纪的空想社会主义思想推动了早期合作组织思想的产生，被誉为合作经济之父的英国理论学家欧文率先在自己开办的纺织厂内进行合作社的探索与试验。法国的空想主义者傅立叶通过 1829 年出版的《经济的新世界或符合本性的协作行为》，较为系统和全面地论述了其合作经济思想。

劳动公社模式和合作社模式是早期合作运动探索的两种主要方式。在劳动公社的探索中，1852 年由欧文构建的"新和谐社会"是探索的起点。我国的人民公社、苏联的集体农庄均属于劳动公社的范畴。公社成员具有相同的劳动付出的责任，也具有平等地获取劳动成果的权力，一般以票据或记账的方式获取，是一种生产生活按计划进行的团体组织。合作社的出现时间要早于劳动公社，1760 年英国社会中的弱势群体，如工人、农民等为了能够参与购买及销售等社会生产活动，在某个或某些环节以共同利益为基础组建合作社。在合作社发展的过程中，劳动公社模式对其产生了一定冲击，合作社也借鉴了很多劳动公社的组建原则，但是合作社仍与劳动公社有一个显著的区别，即合作社是以私有制为基础建立而成的。

由于全球经济危机的爆发，社会不同阶层间收入差距的扩大，以及人们对于社会公平与平等的渴望，推动了合作社在20世纪30年代的迅速发展，合作社在推动西方社会的改革与发展具有十分重要的意义。在合作社的运行过程中，并没有阶级的划分，将所有参与者视为平等的个体，追求共同利益，具有一定的民主性质。最早从经济学的视角探讨合作社问题的研究起源于美国。农民为了在农产品加工及农产品贸易的过程中保护自身的利益，避免中间商及资本大亨的层层剥削，在农资购买，农产品储存、销售、加工等环节自发联合起来共同经营的组织成为农业合作社。虽然早期欧洲合作社对美国农业合作社的发展有一定的影响，但是在美国农业合作社的发展过程中更加注重合作社生产的实用性及商业化运行。加利福尼亚学派和市场竞争标尺学派是美国农业合作社研究中的两个主要学派，以艾伦·萨皮罗为代表的加利福尼亚学派认为以农产品的种类为中心构建农业合作社是组织的最好形式，当合作社在某一产品拥有了控制权和主导权后，可以提高合作社在市场中的谈判能力及地位，在一定程度上获取合法的垄断利润。而以艾德温·诺斯等为主要代表的市场竞争标尺学派认为合作社是衡量资本主义社会的标尺，合作的经济形式在资本主义社会中只能起到辅助作用，不能起决定性的支配作用，但是合作经济可以消除因资本主义的逐利性对社会产生的负面影响。因而，农业合作社的存在可以有效约束部分利益至上的企业行为，平衡资本主义社会中的不良影响，从而促进市场竞争机制在资本主义社会中的作用发挥，使得经济社会发展处于动态平衡之中。

2. 新古典经济学对合作组织理论研究

对合作组织理论的探讨与研究促进了合作组织在实践中的进一步发展，而合作经济形式的运行实践又会反过来丰富合作组织理论的研究，实践与理论的发展相辅相成、相互影响。埃梅利亚诺夫（Emelianoff，1942）所著的《合作经济理论》以及恩克（Enke，1945）所著的《消费合作社和经济效率》的出版，标志着关于农业合作社的相关理论正式诞生。在对农业合作社的研究中，新古典经济学派将其划分为以下几种具体的模式进行分析。

　　第一，垂直一体化模式。埃梅利亚诺夫（Emelianoff，1942）认为农业合作社是家庭农场的扩展和延伸，是众多农场主为了获取更大的利益所采取的一种纵向联合行动，其研究的重点在于农场主之间即合作社成员间的行为关系，并构建了垂直一体化的理论分析框架。在此基础上，菲利普斯（Phillips，1953）通过成本收益分析，推导出社员利益最大化的目标函数，具体而言，当合作社的边际收益与社员的边际成本及合作社的边际成本的和相等时，此时合作社社员可以实现利益的最大化。与上述两种仅从经济学视角的分析不同，哈里斯等（Harris et al.，1996）认为非经济方面的因素，如人们的情感、偏好等，也会对垂直一体化这一合作模式产生影响。

　　第二，独立企业模式。恩克（Enke，1945）以企业理论为基础，提出合作社社员的利益最大化过程是实现生产者剩余及消费者剩余的最大化过程，在此过程中，合作社的重大决策一般由管理人员来决定。

　　第三，联盟模式。塞克斯顿（Sexton，1986）、萨塔兹（Staatz，1989）基于博弈论将农业合作社视为"联盟"进行研究，发现"联盟"的形成是因为独立的农场主为了实现垂直一体化的架构而采取横向联合行动。农场主若在联盟中没有取得期望的收益，就会退出农业合作组织，只有在"联盟"中获取的收益高于或等于其他替代性组织所提供的收益时，合作社这一"联盟"才得以获取稳定的发展空间。祖斯曼（Zusman，1992）以契约理论为基础，探讨了在信息不对等、有限理性等方面存在差异的社员之间，如何产生合作社"联盟"的集体规则。

3. 新制度经济学对合作组织理论研究

　　新制度经济学自20世纪50年代以来得到了迅速的发展，新制度经济学派也对合作社的发展进行了相关研究。

　　经纪人或契约人假设是以往关于农业合作社研究中的传统思想，在新制度经济学对农业合作社的研究中，创造性地将习惯、道德等方面的因素纳入其中。虽然对社员的承诺会增加合作社的运营成本，但是这也是一个合作社建立和运行的基本条件。如果合作社所面临的市场竞争越来越激烈，合作社为了保持生存，被迫将注意力由社员转向市场及消费者，此时，合作社的实际做法可能与之前对社员的承诺背道而驰（Fulton，

1995）。当这种情况发生时，农业合作社可以通过创新运行机制的方式来稳定社员的数量，例如北美农业合作社的创新做法是通过给予社员向产业链下游投资的机会。机会主义也会伴随新举措的实施应运而生，对契约的制定、履行等都会产生阻力，即威廉姆森所谓的"适应不良成本"。汉森等（Hansen et al.，2002）通过对社员之间的信任程度及合作社管理人员与社员之间的信任程度的实证研究发现，"信任"可以有效抑制机会主义行为，有利于监督成本的下降。

小农户组织化获取农业生产性服务时，其组织化的过程实际上还是需要依托村级组织，而村级组织的存在也是合作组织的一种形式，因此，合作组织理论对本书的借鉴意义在于，通过对小农户获取农业生产性服务的组织形式进行研究，可以较好地把握小农户选择组织化获取农业生产性服务的决策行为，具体将在本书的第3章、第5章详细分析。

2.2.5　制度变迁理论

"制度"是具有丰富的理论内涵并可以不断向外延伸的一个经济学概念。在汉语释义中，制度的"制"具有控制、制约的含义，"度"具有度量、标准的含义，"制"与"度"的联结，具有限制人们行为的标准之意。因此，制度一词在辞典中的首要含义被解释为要求社会成员均需遵守的、标准统一的办事规程。《韦伯斯特字典》将制度的英文单词"institution"释义为"行为的规范"。制度规定了人与人之间在经济社会生活中的权责利关系，同时也强调人与物之间的行为关系。

由于人们的有限理性以及资源的稀缺性，制度的供给具有局限性，伴随着社会经济环境的不断变化与人类理性程度的持续提升，人们为了获取最大化的利益，对制度的需求也在不断更迭。制度并不是原封不动的，当社会中正在运行的制度可以较好地满足社会及人们的需求时，社会环境较为稳定，制度也具有相对稳定的状态；一旦制度的运行不能令人满意时，就会引发制度的更迭，发生制度变迁，即制度创新。制度变迁理论是新制度经济学中解释经济发展的重要思想，它既可以被理解为一种效益相对较低的制度被另一种效益相对较高的制度的替代的过程，也可以被理解为一种效益更高的制度的产生进程，还可以被理解为现有制度的完善过程。无论怎样理解，制度创新表示着随社会发展和时间推移，制度被不断创造、更新或完善的过程。一般情况下，制度创新的过程呈螺旋式上升的态势，即新制度的产生以旧制度为基础，但新制度的层次更高，制度朝着更高效率的路径演进。

在制度处于一个相对稳定的状态时，即制度均衡时，各行为主体无意对现有制度进行改变，可以从以下三个方面来理解制度均衡。

第一，从行为主体的角度看，制度均衡是各个行为主体间对社会中正在运行的制度的共同接受状态，虽然他们并不是对现存的制度都持有满意的态度，但是他们无心或无力改变现有的均衡状态，体现了行为主体间力量及利益相对均衡的态势。

第二，从供求关系的角度看，制度均衡指人们对制度的需求与现实中的制度供给处于一种稳定、平衡的状态。人们以成本和收益为基本考量，更加倾向使自己获取最大利益的制度，若制度的供给可以满足人们的需求，此时的制度处于均衡状态。实际上，供求角度的制度均衡是静态的，在制度变迁的过程中，制度的非均衡状态是常态化的体现。

第三，从资源配置的角度看，当任何一个新制度的实施不能比现存制度提供更加合理的制度安排及提升制度效率时，制度就达到了"帕累托最优"状态。当新制度的实施可以保证部分群体利益不受损失的情况下，还可以提高其他群体的利益，这时资源的重新配置为"帕累托改进"，制度的变迁即是"帕累托改进"的一种体现形式。

那么是什么原因使得制度出现非均衡状态，从而推动了制度创新的发生呢？综合学者们对驱动制度创新因素的分析发现，相对要素价格变化是制度创新的源泉。舒尔茨（Schultz，1968）在探讨制度变迁与人力资本的关系时提出，造成制度不均衡状态的主要原因归结于劳动力价格的不断提升，因此，制度变迁是对人力资本经济价值提高的一种反应。诱致性变迁理论中，将制度不均衡归因于投入要素与产出产品之间的相对价格变动。林毅夫（1994）也认为导致制度转变与更迭的主要原因是要素与产品之间在长期间的相对价格的变动。这种观点在实践中也被不断证实，诺斯和托马斯在研究欧洲庄园的制度变迁时发现，庄园制度的兴替在很大程度上受劳动力、土地等要素的相对价格变动的影响（姚洋，2000）。德姆塞茨（Demsetz，1967）认为在皮毛交易中，皮毛价格的持续上涨直接导致了印第安人的私有产权制度改革。速水和菊池（Hayami & Kikuch，1981）通过对印度尼西亚1868~1928年不同土地制度的研究发现，相对于工资水平，土地价格的变化是推动制度变迁的根本原因。从整个人类社会的发展历程中也可以探寻出这一规律，在奴隶社会时期，土地广袤，但劳动力稀少，因此保护劳动力（奴隶）是产权制度的核心问题；当发展到封建社会时期，人口迅速增加，此时土地相对而言成为稀缺资源，所以保护土地（及拥有土地的地主）成为制度核心；在资本主义社会时期，现代化的生产要素如科学技术、机械设备等的投入使得生产率得到了极大的提高，因此制度的建立围绕保护私有产权展开（郭强，2014）。

　　然而，要素相对价格的变化并不会直接诱致制度变迁的发生，实际上，要素相对价格的变化对制度安排的外部潜在利润及制度创新的成本产生了直接影响，通过价格这一传导机制，对制度的供给与需求产生影响，当社会中现行的制度不能满足人们对于潜在利益的需求时，使得现有制度处于不均衡状态，激发了对制度创新的需求，当新制度安排的预期净收益超过预期成本时，新的制度安排才会被付诸实践（科斯等，1994）。规模经济、外部性、风险和交易费用被认为是诱发制度变迁的收益来源（戴维斯和诺斯，2019），当所增加收益无法内在化时，外部的潜在利润不断增加，激发了人们对制度安排创新的动力，从而获取这部分收益，因此，制度创新对经济增长具有持续的提升作用。当新制度的预期收益高于预期成本时，制度创新的过程随即展开。下面就诱致制度变迁的四类收益来源进行具体分析。

　　第一，规模经济。生产组织需要扩大生产规模来产生创新的竞争力，达到一定的生产规模后，生产组织才可以承受起创新所需的高昂成本，为实现规模经济奠定基础。生产规模的不断提升有助于实现生产要素的影子价格，从而对资源的合理配置以及最大化效益的实现起到积极的正向影响。

　　第二，外部性。一方面，要素的相对价格变动会产生可观的经济效益，这可能会导致社会公共资源出现负外部性，制度的重新缔结有助于消除这种负外部性。另一方面，部分没有价格但是具有实际价值的生产要素对一定范围内的其他生产要素具有影响作用，比如空气质量状况可以影响附近的土地供给价格，预期收益随之产生波动，影响了现存制度安排的稳定性，产生了制度创新的需求。

第三，风险厌恶。在一定的风险下获取潜在利润需要获取丰富的信息，因此会产生巨额的信息成本，与独立的个体相比，专业组织能够以较低的价格获取较为全面的信息，以较低的风险成本实现潜在利润。除此之外，要素的相对价格变动促进了风险成本的降低，为了获取更高的收益，推动了相关制度安排的创新，例如保险制度等。

第四，交易费用。在交易的过程中存在多种成本，如信息搜寻成本、议价成本、监督成本等，随着科学技术的发展，如互联网及电子商务的应用与发展，交易费用在不断降低，行为主体的预期利润也随之提高。此外，机械设备的应用对传统劳动力的替代效应越来越明显，机械设备的广泛应用可以极大地促进生产率的提高，同时，又有利于交易中所产生的议价成本和监督成本的降低，制度的变革会产生可观的经济效益。

在制度安排处于非均衡状态时，外部利润积聚，社会成员为了满足自身的利益，获取制度创新的潜在收益，积极探索新的制度变革，使制度系统再回到新的均衡状态，制度创新的需求因此而产生。各利益相关主体根据自身的目标，选择具体的行为路径，制度创新是一个集体选择行动的过程，相关行为主体结成利益集团，对制度创新行动达成一致意见，付诸集体行动，反映了制度创新的具体实现过程。

通过对制度变迁理论的分析与解读，有利于本书构建小农户组织化获取农业生产性服务的制度创新的理论分析框架，进而进行案例分析，对小农户组织化获取农业生产性服务的实践在制度经济学上进行解释，具体将在本书的第4章详细分析。

2.3 分析框架

20世纪80年代，我国的农村经营体制进行了一次重大的改革，即家庭联产承包责任制的实施，打破了人民公社化下统一经营与分配的生产方式，极大地提高了农民在农业生产方面的积极性。通过对农户行为理论的理解，假定小农户是"理性"的，在市场环境和技术水平一定的条件下，通过创新农业经营方式或改变生产资料的投入方式与结构，来实现利益最大化的追求。

在劳动力市场发展相对闭塞及不完善的社会阶段，小农户几乎将所有的家庭劳动力均投入农业生产，以获取最大化的家庭收入，与居住范围较近的邻里也会通过劳动互助的方式来提高农业生产效率。随着我国社会经济的不断发展，劳动力市场也在日趋成熟与完善，农村劳动力的非农转移进程不断加速，小农户的兼业化比例越来越高，2016 年农户兼业化的比例达到了 95%，这在一定程度上促进了农户家庭的非农收入和家庭总收入的提高，从而带动农民致富，但是在另一方面也导致了从事农业生产的劳动力数量的锐减。为了获取丰厚的工资性收入，越来越多的农村劳动力选择到经济发展较为发达的沿海地区非农就业，2018 年，农民工外出打工的规模达到 1.73 亿人次，占农民工总数（2.88 亿人次）的 60% 左右[①]。

由于农业生产的季节性很强，外出务工的农民工在农忙时节返乡务农的现象也时有发生，但是随着农村劳动力转移的程度越来越深、距离越来越远，返乡务农的机会成本随之增加，因此，农民工返乡务农的频次和频率随之降低，这就导致了一部分小农户选择放弃农业生产，倾向于将土地流转经营。但是在我国土地流转市场发展并不成熟的情况下，农户寻找到较为信任的流转方也比较困难，因此，很多小农户在农业生产方面减少了投入，以较低的价格甚至是免费的方式将土地流转给邻里或亲戚经营，还有部分土地可能被迫撂荒，导致了土地的低效利用。

科学技术的发展使农业生产环节可以被进一步细分，促进了农业生产性服务业的发展，根据分工理论，农业生产性服务的交易频率的增加会进一步加深农户对其的依赖程度，从而进一步加快农业生产性服务业的发

---

① 国家统计局.2018 年农民工监测调查报告［EB/OL］.（2019 - 04 - 29）. http：//www. stats. gov. cn/tjsj/zxfb/201904/t20190429_1662268. html.

展。在小农户获取农业生产性服务时，在施肥、喷洒农药、晾晒谷物等劳动力强度较弱的农业生产环节仍由家庭劳动力来完成，在劳动力较强的播种、收获等环节通过购买农业生产性服务的方式来替代传统劳动力，但仍需付出一定的劳动力对农业生产性服务进行监督。虽然小农户在获取农业生产性服务的过程中缓解了小农户在农业生产中的劳动力约束，然而在现实的农业生产中，小农户因小规模、分散化的服务需求与农业生产性服务主体的服务供给存在矛盾，导致小农户的农业生产性服务需求容易被忽视。

根据制度变迁理论、合作组织理论和交易费用理论，当众多小农户有相同或相近的农业生产性服务需求时，可以创新获取农业生产性服务的方式，在外部环境不断变化中，各利益主体达成集体行动，共同推动制度的创新。通过组织化的形式将其服务需求进行整合与统一，获取农业生产中的规模经济效应，更好地实现要素替代效应，深化新技术的应用水平，从而降低农业生产成本；同时，小农户通过组织化的形式与农业生产性服务主体对接，可以节省搜寻、谈判、协商、监督等交易频率和交易成本，进一步减少小农户在农业生产方面的家庭劳动力投入。

一方面，通过组织化的方式，小农户家庭资源得到合理配置，尤其是劳动力资源，使家庭劳动力释放作用更为显著，进一步促进了农村劳动力的非农转移，增加其工资性收入，从而带动小农户家庭收入的增长。另一方面，小农户通过组织化的方式与农业服务主体进行对接有利于在农业生产当中实现现代化生产要素对传统生产要素的替代，促进了农业生产效率的提升。

那么，小农户组织化获取农业生产性服务在实践中是如何发展的？影响小农户组织化获取农业生产性服务的因素是什么？小农户组织化获取农业生产性服务的方式对其家庭收入及农业生产效率有何影响？为了更好地厘清上述问题，本书基于"农业生产性服务的发展—小农户组织化获取农业生产性服务的制度创新及实践成效—小农户组织化获取农业生产性服务的影响因素—小农户组织化获取农业生产性服务对农业经营绩效的影响"这一逻辑主线，构建分析框架（见图2-1），进行深入探究。

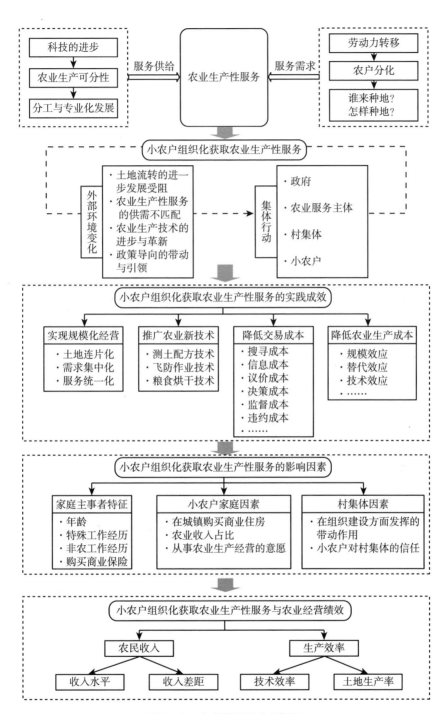

图2-1 本书的理论分析框架

小农户组织化获取农业生产性服务的演进逻辑

    长期以来，"大国小农"一直是中国农业的基本格局，在传统小农生产经营方式与农业现代化发展在诸多方面出现了相互排斥的局面，如何实现小农户与现代农业发展有机衔接的问题已经成为新时代中国特色农业现代化的核心任务（钟真等，2020）。党的十九大报告中首次提出"实现小农户和现代农业发展有机衔接"的指导思想，不仅体现了党中央对小农户的高度重视，更体现了顶层设计者对我国农业现代化发展规律的深刻理解。如何实现小农户与农业现代化的统筹协调发展，既是农业生产实践的现实需求，又是对相关理论的丰富与拓展。

    21世纪初，《农村土地承包经营权流转管理办法》的发布为土地流转的大力推行提供了良好的政策支撑，土地流转也被认为是促进我国农业适度规模经营从而实现农业转型升级、推进农业现代化进程的重要抓手，但由于土地制度约束、内含交易成本过高、农村社会保障体系不健全、农村劳动力转移缓慢等因素，抑制了流转主体及农户的流转意愿。在推进农业适度规模经营的进程中，单纯倚靠土地流转方式在现实中面临诸多困境，不能一蹴而就。

    在这一背景下，有关政府部门和研究学者通过调研与研究发现，通过农业生产性服务的发展来带动小农户与农业生产现代化的对接是适合我国农业发展现阶段切实可行的重要方式。在党的十八大召开之后，在政策层面不断加大对农业生产性服务业的支持力度，尤其是"十三五"规划实施之后，国家对农业生产性服务的重视程度显著提升。这是对因农业生产分工的进一步细化和市场不断深化所带来的农业生产性服务需求持续增长的响应。但是，我国农业生产性服务业的发展还处于起步阶段，在服务的过程中，由于服务的细碎化、区域之间的差异化、服务供需双方的不稳定性导致农业服务主体的供给与小农户的农业生产性服务需求还存在供需不匹配、交易成本过高、市场对接困难等问题，以致生产性服务对农业生产效率的提升效应并不显著（孙顶强等，2016）。为了解决在获取农业生产性服务中的困境，小农户遵循市场规则，根据自身利益，寻求通过组织化的方式对土地、劳动力等农业生产要素进行重新配置，在小农户进行组织化的过程中，出现了多种不同的实践形式，如小农户自主联合型、农民合作社型、"公司＋小农户"型、农机大户带动型等，但是在实践中暴露出了信任和管理危机，小农户利益受损等不同方面的问题，使得小农户组织化的进程受到阻碍。

近年来，村集体依靠统筹协调作用的发挥，由其主导的小农户组织化获取农业生产性服务可以实现土地要素及服务需求的整合连片，提升了小农户的市场话语权，降低了交易成本，促进了现代化生产技术装备的高效利用，使得小农户与现代农业发展之间突破了原有的互斥性局面，促进了两者之间的有机融合，这对于进一步扩展我国实现农业现代化的路径具有深刻的指导意义。

为厘清小农户组织化获取农业生产性服务的演进逻辑，本章遵循"小农户与农业生产现代化的互斥性格局—土地规模经营的探索—农业生产性服务的兴起—小农户在获取农业生产性服务中的困境—小农户组织化获取农业生产性服务的实践探索及评价—村集体主导下小农户组织化获取农业生产性服务"的分析思路展开（见图3-1）。

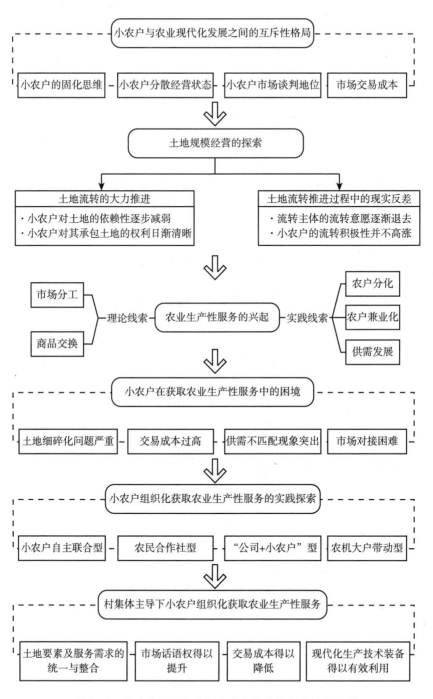

图 3-1　小农户组织化获取农业生产性服务的演进逻辑

3.1 小农户与农业现代化发展之间的互斥性格局

小农在我国拥有悠久的经济地位和历史地位，中华人民共和国成立后，通过土地改革运动、农民合作运动等方式，瓦解了在农业生产经营中的小农生产方式，生产队、合作社应运而起。随着家庭联产承包责任制的实施，土地要素又重新较为平均地分配给小农户，使小农户又成为农业生产经营中的最基本的单元。在此后40余年的发展历程中，农业经营主体不断分化与演进，家庭农场、专业大户等不同类型的新型农业经营主体得到快速发展。然而，小农户依旧是农业生产经营中最庞大的群体，小农户在生产生活中的现代化发展是我国实现农业生产现代化的重要前提（吴重庆和张慧鹏，2019）。

相较于传统农业，现代农业具有科学化、规模化、标准化、机械化、组织化等方面的特征（阮文彪，2008）。将现代化的机械设备、科学生产技术、农业产业体系与经营方式、经营管理理念注入农业生产经营中既是改造传统农业、为农业生产力的发展注入强力动能的过程，也是提高资源利用率、技术效率、劳动生产率等各方面农业生产效率的有效方式，还是加速农业进一步发展、促进农业转型升级的重要手段（阮文彪，2019）。由于小农户在农业生产经营中的小规模、细碎化的特征，导致其与农业生产现代化表现出了一定的互斥性格局，正视小农户与农业生产现代化发展之间的矛盾，是实现两者之间有机衔接的重要基础。

3.1.1 小农户固化思维与农业现代化发展之间的互斥性

制度的设立为经济和社会的发展铺设了路径，小农户可能会对此产生路径依赖，当前，小农户在农业生产中的固化思维对农业现代化转型产生了抑制作用。家庭联产承包责任制的实行使得小农户的家庭生产经营方式成为农村社会的主要运行模式，小农户也因此产生了惯性的发展模式。家庭联产承包责任制虽然激发了农户的生产积极性，推进了生产力的发展，然而，其推行的家庭经营方式不利于土地要素的有效整合以及劳动力要素的合理流动，将农民与土地、农村紧紧地"捆绑"在一起。这种制度的设计与实行使得农业生产和农村发展落入路径依赖的陷阱，小农户的固化意识思维使其很难打破传统农业生产经营模式的局限（常明杰，2020），阻碍了农业的现代化发展进程。

3.1.2　小农户分散经营状态与农业现代化发展之间的互斥性

在家庭联产承包责任制实施初期，土地要素依照农户家庭人数、土地质量等级、土地远近程度等不同方面进行综合调配，一方面，在土地的分配过程中，确保了小农户可以公平公正地得到土地的承包经营权；另一方面，造成了我国农业的小规模、分散化的经营格局。在第二轮土地承包后，农户所拥有的土地面积平均为 0.5 公顷，而平均地块数量为 5 ~ 7 块（胡华浪等，2014）。标准化、机械化、规模化是现代农业的基本特征，小农户细碎化、小规模、分散化的农业生产经营方式虽然有利于土地生产率的稳定，但是对于规模效益的生成、大型机械设备的应用、农产品标准与质量的把控等方面均产生了抑制作用，不利于农业的可持续发展和农民的可持续增收。因此，适度地推进农业规模经营是我国发展现代农业的前提条件，这就需要打破小农户小规模、分散化的经营现状，推进土地要素"化零为整"，通过土地流转等机制的建立，实现农业的规模化和标准化经营。

3.1.3　小农户市场谈判地位与农业现代化发展之间的互斥性

相对而言，农民的受教育程度普遍较低，知识结构与深度不足，加之小农户在社会资本方面和经济实力上的欠缺，导致小农户在市场谈判交易中处于弱势地位，在与其他主体进行交易时，时常出现不公平的现象。小农户所生产的农产品在市场上进行交易时，往往会与形形色色的商贩打交道，克扣斤两、强买强卖等不公平现象时有发生，比如在部分质量较高的绿色农产品交易中，小农户因市场地位较低的原因很难卖得好价钱，导致质量与价格不一定成正比的现象发生，使得小农户的利益受损。农产品的市场化和国际化是实现农业现代化的重要考量，如果小农户在市场中的谈判地位和竞争能力一直处于弱势状态，就无法提高农业生产经营的比较效益，也无法改变在国民收入中初次分配和二次分配的不平等状况，更无法实现小农户与现代农业的有效融合，我国由农业大国迈向农业强国的转变进程也将因此受阻。

3.1.4　市场交易成本与农业现代化发展之间的互斥性

一家一户的小农户家庭经营方式虽然对于保持土地生产率的稳定具有积极意义，然而小规模的经营方式使得小农户所产出的农产品数量相对较少，难以形成规模效应，导致在农产品的市场交易过程中面临较高的交易成本。在现代市场体系下，小农户的农业生产过程离不开与市场的不断交易，从农资购买、到农机服务获取、再到农产品销售等，交易成本的高低决定了农业收益的多少，从而影响了小农户的农业生产积极性。实践表明，较高的交易成本还制约了小农户农业收入的进一步增长以及农产品的商品化发展（阮文彪，2019）。因此，农业现代化的发展需要优化小农户在农业生产中的组织形式与交易方式，由分散经营的传统方式向组织协作、规模交易的现代化经营方式转变，进而打破小农户因高交易成本而与现代农业发展不相协调的困境。

3.2　土地规模经营的探索

从上述分析中可见，以小农户为主要生产经营单位的小规模、分散化生产形式，已经不能适应农业的现代化、规模化发展，在诸多方面与农业生产现代化的发展表现出了一定的互斥性。为了加速农业现代化的进程，推进农业规模经营的发展，以土地流转带动规模经营，从而实现农业现代化的发展之路在全国范围内进行了有益的探索。

3.2.1 土地流转的大力推进

为了打破小农户与农业生产现代化的互斥性格局，土地流转一度成为推动农业生产规模化和现代化发展的主要手段，主要有以下两个方面的原因。

第一，农户对土地的依赖性逐步减弱。城乡二元体制的存在使得城市和乡村处于相对割裂的状态，对于传统农业生产下的农民而言，土地不仅仅是主要的生产资料，还具有社会保障功能。现今，农业生产已经注入了现代化的生产要素，人与土地结合程度逐步弱化，1978 年从事农业生产的农村劳动力数量占比为 70.53%，而到 2017 年，这一比例已经降至 26.98%（伊思静，2019）。此外，农民对土地及农业生产的生计依附性也呈逐步减弱的趋势，越来越多的农民不以农业生产作为维持生计的主要手段，农户家庭经营性收入的比重在 1985 年时高达 74.45%，而这一比重在 2017 年时大幅减少，跌至 37.43%（王小华，2019）。

第二，农户对其承包土地的权利日渐清晰。一方面，顶层设计者不断强调要对农户的土地及其他财产进行确权和保护，随着《农村土地承包法》的出台，农户的土地等各项权利得以受到法律的保护；另一方面，农户的土地权利更加稳定，在 1993 年确立的农户第二轮土地承包期"30 年不变"政策即将到期时，2008 年召开的党的十七届三中全会肯定了农户现有的土地承包权利和土地承包关系并强调这种权利与承包关系应长久不变。2017 年党的十九大对此作出了更为精确的政策指示，为切实保障农民的各项土地权益，在第二轮土地承包期到期后，再延续 30 年。

土地流转在此背景下逐渐萌芽，并在政策层面得到了大力的推动。20世纪 80 年代初，相关部门就推动土地向农民中的种田能手流动；2001 年，土地承包经营权流转政策在《中共中央关于做好农户承包地使用权流转工作的通知》中得到了权威和详细的解读；2005 年《农村土地承包经营权流转管理办法》正式实施，旨在规范土地流转的相关行为，维护相关主体的合法权益，为土地流转的全面展开奠定了基础；2013 年，党的十八届三中全会强调农户的土地承包经营权平稳有序向家庭农场、农业企业等规模经营主体流转。2021年《农村土地经营权流转管理办法》正式实施，为土地经营权的合理依法流转提供了基本遵循和法律保障。在此后的相关涉农政策文件中，也在不断强调土地流转对于我国实现农业现代化和规模化发展的重要意义，并鼓励土地流转的持续深入推行。

3.2.2　土地流转推进过程中的现实反差

然而，土地流转在现实的推进过程中，流转主体和农户的积极性并不高涨，出现了较为明显的政策反差。土地流转的速率相较于农村地区劳动力向非农领域转移的进程是处于滞后状态的，虽然土地流转的比率呈逐年上升的态势，但是我国农户所经营土地的细碎化、分散化格局并没有发生实质性改变，反而"愈演愈烈"（罗必良，2016）。

1. 从流转主体角度而言，通过土地流转实现规模经济并不必然发生

第一，在农业生产的过程中，农业生产效率的高低取决于各种生产要素的综合协调，如果仅仅依靠土地要素的规模扩张，而不综合考虑劳动力、资本、技术等其他生产要素的投入，规模经营的"红利"得不到显化，甚至可能会出现"规模不经济"的现实可能（胡新艳等，2015）。另外，规模经济的本质是投入与产出的比较，对于不同的农户而言，其行为能力、经营意图存在差异，因此，不同农户对土地流转所带来的规模经济存在认知差异。

第二，在"三权分置"的政策背景下，土地流转指经营权流转，土地流转的实现需要与众多的小农户达成一致，而且土地的不可移动性导致流转主体与小农户的协调过程更为困难，土地流转的实现伴随信息搜寻、缔结合约、监督等多方面的交易成本（罗必良等，2017）。

第三，土地流转带动农业生产效率提高的理论基础源于新古典经济学所提出的规模经济理论，但是经济增长的主要原因为分工程度的高低（Young，1928），规模经济是随经济的发展过程而产生的一种现象（Prue，1993），真正决定经济增长的是分工理论中的报酬递增，因此，对土地流转带动规模效率提升的解释缺乏理论深度。

2. 从农户角度而言，其流转土地的积极性并不高涨

第一，绝大多数中老年农民在其生活的经历当中都沐浴了传统的农耕文化，对农业生产和农村生活有较为深厚的情感，保有"安土重迁"的思想传承和"恋农""恋土"的农耕情怀，大多数中老年农民选择在乡村生活并从事简单的农业生产活动，转出土地的意愿并不强烈。

第二，即使青壮年劳动力选择外出打工，如果他们在城市具有稳定的生活状态，会将土地视为可以不断升值的一项家庭资产，如果受城乡户籍制度的制约，无法在城市落户和继续生活时，他们可能会返回乡村继续从事农业作业，土地可以充当其"兜底"保障，近年来，这一趋势越来越明显，导致土地流转的增长速度逐渐下降。

在我国农业转型发展时期，土地流转对推进我国的农业现代化和规模化发展具有一定的积极意义。然而，受农业生产传统、农村文化传承、农民思想意识传续等多方面的制约，单纯依靠土地流转来实现适度规模经营的方式是"道阻且长"的。

3.3 农业生产性服务的兴起

在土地流转发展受阻的情况下，农业生产性服务成为当今时代背景下实现农业现代化发展的新路径，从注重土地这一单一生产要素的投入到各项生产要素投入的有机融合，从注重规模经济带来的生产成本下降到强调分工深化后交易成本与生产成本的综合考量。同时，在土地流转之外，农户通过农业生产性服务的获取可以丰富其农业经营方式，扩充其农业经营选择，使得农户的资源配置方式可以在农业内外、城乡之间得到优化。

3.3.1 农业生产性服务兴起的理论线索

依据马克思政治经济学的观点，市场分工和商品交换是农业生产性服务得以发展的两个基本前提。由农户自身完成的农业生产活动及属于农作物自然生长范围之内的过程称为生产，将其他生产环节（包括产前、产中、产后）与法律地位独立的相关主体进行的等价交换即为农业生产性服务。此外，分工还进一步分为企业内分工和企业外分工（社会分工），农户通过自身劳动力所完成的农业生产活动是发展层次较低的企业内分工，与现阶段倡导通过社会分工来完成农业生产作业的方式相排斥，因而，以商品交换为核心的农业生产性服务得到了快速的发展（钟真，2019）。

在西方学者的思想观点中，分工对生产力的提升有显著的积极作用，斯密曾推断"因为分工不能完全体现在农业生产的过程中，因此农业部门中劳动生产力的进步速度总是落后于制造业部门"（斯密，1997）。对于农业而言，农业生产规模小且细碎、农作物生长的季节与周期相对固定、农产品需求弹性较低且不易长时间储存、农业生产作业活动不易监督等特性阻碍了农业生产的分工进程。虽然分工在农业生产中存在一定的障碍，但是随着生产技术的不断进步，相关制度的不断革新，以及产权界定的日渐清晰，多数生产环节可以在整体的生产过程中独立出来，突破了分工在农业生产中的有限性格局（罗必良，2008）。

横向分工和纵向分工在农业生产经营活动中不断发展，前者指在不同的农作物间的分工，如粮食作物、蔬菜作物、油料作物等；后者指在同一品种的农作物在不同生产环节上的分工，如整地、播种、施肥、统防统治、收获、烘干等。农业生产中纵向分工的本质是单项生产环节从整体生产过程中的剥离，这促进了农业生产环节的外包，即农业生产性服务业的发展。于是，农户可以依据其农业生产状况选择性在市场上购买某一个、多个甚至全部环节的生产性服务，这不仅有助于生产效率的提高，还促进了合作剩余的产生。

3.3.2　农业生产性服务兴起的实践线索

1. 农户分化促进了农业生产性服务的发展

在传统的农业生产和农村生活中，村落中的经济发展和社会动态是相对闭塞的，在农业生产中农户也具有分散、独立的特征，资源要素的配置局限于村庄内部。伴随着城乡社会经济的融合发展，农户也参与了社会化的分工进程，优先在非农领域配置青壮年劳动力等优质要素。为了获取专业化分工所带来的潜在收益，农户需要与外部的农业生产性服务主体对接，帮助其完成农业生产经营活动。农户的分化过程为农业生产性服务提供了良好的发展空间，而农业生产性服务持续且深入的供给又进一步加速了农户分化的进程，使得小农户的生产经营行为具有较强的韧性，在今后一段时期内，仍是我国重要的农业经营主体（芦千文，2019）。

2. 农户兼业化进程引致农业生产性服务需求扩张

在农户经营规模较小的国家和地区，农民兼业化的过程是普遍的发展趋势，我国也不例外，20世纪70年代末以来，家庭联产承包责任制的实施赋予了农户对家庭资源更多的支配权，以及对土地的经营权和农产品的处置权。为了提高家庭经营的效益，农户开始探索在家庭内部的分工生产，若劳动力资源充足，部分农户家庭的部分劳动力寻求外出打工的机会，从村庄周边的城镇蔓延至附近城市，并不断延伸至距离较远的经济发达区域。

在兼业化的过程中，农户的最优选择并不是直接投资农业机械设备，而是借助农业生产性服务的获取来推动家农户庭资源要素向非农领域转移（郑阳阳和罗建利，2019）。农作物生产的周期性长，不同生产环节的差异性大的特点导致农业机械设备的资产专用性较强，沉淀成本较高，如果经营规模达到一定水平时，预期收益大于成本投入，此时可选择购置农业机械设备。然而，我国农业目前主要的经营主体还是小农户，其经营土地的规模较小且分散细碎，通过农业生产性服务的获取来替代农业机械设备的购买，既可以节省在农业生产方面的投入，又可以带动生产效率的提高，是小农户在兼业过程中的理性选择。

农户购买农业生产性服务的环节随着他们兼业化过程的深入而逐渐增加，部分农户甚至在所有的生产环节都通过购买农业生产性服务的方式来完成。由此可见，农户兼业化的进程可以引致农业生产性服务需求的扩张，推进农业生产性服务业的进一步发展，吸引更多的农户购买服务。

3. 农业生产性服务的供给主体与需求主体不断发展

供给创造需求、需求引致供给的辩证关系是经济运行的基本规律，供给与需求的相互促进共同推动了农业生产性服务的发展。供给方（农业服务主体）与需求方（农业经营主体）在服务的内容和方式上相互博弈并进行匹配，丰富了农业生产性服务业的发展形态。农业服务主体类型全面、服务内容广泛，既有供销社等农村改革前所形成的主体，也有家庭农场、专业大户、农业服务企业等改革后兴起的服务主体，服务内容也几乎覆盖了所有生产环节，从农资供应到农产品销售。农业经营主体在演进的过程中出现了显著的分化特征，在家庭联产承包责任制实施初期，农户的特征基本相同，伴随兼业化的进程，一部分农户将劳动力向非农方向转移，将土地进行转出，缩小了经营规模；另一部分农户在此过程中扩大了经营规模，成为种养大户、新型家庭农场；还有一部分农户维持原有的经营规模。此外，农民合作社、农业企业等也成为现代农业经营主体的一部分。无论农业经营主体的类型如何及其规模大小，现代化的农业生产要素已经渗透其生产过程，在农业要素的配置中，因为购买生产性服务这一方式相对而言成本更低，因此服务的需求不断增加，这与服务主体服务供给的轨迹相互交织，共同促进了农业生产性服务的发展。

3.4　小农户在获取农业生产性服务中的困境

与传统农业的低水平状态相比（舒尔茨，1999），生产要素市场化、生产过程机械化、经营主体组织化、生产性服务社会化等一系列新特性（徐旭初和吴彬，2018）使现代农业与传统农业有了显著的区别。然而，农村土地均分形态下的经营体制造成了我国农业生产经营中小规模、分散化的格局，与以大规模、集聚化、机械化为特征的现代农业表现出相互排斥的局面，导致小农户在获取农业生产性服务的过程中面临一系列的困境。

3.4.1　土地细碎化问题严重

20 世纪 70 年代末期，我国进行了一次重大的土地制度改革，将土地由人民公社制改为家庭联产承包责任制，使得最小的经营单位由生产队变成一家一户的小农户，生产经营单位数量也由450多万个变成2亿多户（苏星，2007）。我国小农户除经营土地面积小之外，还有一个突出的特点，即地块高度分散，为了在分配土地的过程中确保公平公正，小农户在获取土地时实行好坏搭配的方式，这一方面可以使得小农户所获取的土地质量相当，但另一方面，这种分配方式造成了地块的分布极为细碎，一个拥有10亩承包地的农户，其地块多则可达10余块，这与当时农业生产中主要以人力、畜力投入为主的生产方式相匹配。

随着现代要素不断融入农业生产的过程之中，农业生产方式得到优化，传统的劳动力投入正逐步被农业机械所替代。细碎化的承包地分配方式，导致了田埂和灌溉沟渠数量及面积的增加，抑制了许多具有不可分割特征的生产要素的高效合理利用，比如农田灌溉设施、大型农业机械等（李谷成等，2009）。相对而言，小农户与现代生产要素的有机融合程度还较低，阻碍了其与现代农业的有效对接，凸显了其弱势地位。

3.4.2　交易成本过高

分工理论系统地论述了分工对于劳动生产效率的提升以及国民经济增长的巨大推动力，但是并未就其所带来的交易成本进行详细的解读。企业内部的管理成本低于市场（企业外部）的交易成本是企业可以进行内部协调劳动分工而非受价格机制影响的主要原因（Coase，1960）。企业内部的管理成本和企业外部的交易成本共同决定了企业规模经济的大小，交易成本对分工的水平和程度可以进行有效解释。

农业生产的某些环节因技术的进步得以从整个生产过程中分离出来，但是技术层面的因素只是专业化得到推行的动机，而交易成本能否降低决定了专业化是否可以实现。事实上，分工的边界以及农户经营规模的大小是由交易成本所决定的。如果农户的农业服务需求量较小，诱导服务主体为其供给专业化服务的概率较低（市场容量约束分工）；当多个农户具有相同或相似服务需求时，需求量得到扩张，交易成本得以降低，可诱致农业服务主体为其进行服务（市场容量促进分工）。

分散的小农户在获取农业生产性服务时是作为独立的经营主体与服务主体进行对接，每家小农户无论是在农药、化肥、种子等农资的采购方面，还是耕地、播种、收割等农机服务的购买方面，甚至是在农产品的销售方面，都需要与服务主体进行信息的交换，就服务质量、价格进行协商，进行独立的决策与合同的签订，并且对服务质量进行监督，甚至还会出现违约后的谈判等，无疑增加了小农户获取农业生产性服务时与服务主体的搜寻成本、信息成本、议价成本、决策成本、监督成本、违约成本等各个方面的交易成本，为小农户获取农业生产性服务增加了阻碍。

3.4.3 供需不匹配现象突出

一方面，小农户经营土地细碎化、小规模的特征，导致其对小机械的劳动力替代型服务需求较多且需求量较低，农业机械设备的不可分割性，导致在为小规模农户提供农业生产性服务时，农业机械设备并未得到充分且高效的使用。比如，机械的调头频率、往返各个地块间的时间与路程均会因细碎化的服务方式而有所增加，使得机械作业的油耗成本和时间成本随之上升，导致农业服务主体偏向于优先向大规模农户提供生产性服务。此外，不同的小农户在选择种植作物的品种方面也存在一定的差别，导致不同环节的生产作业时点存在差异。这与农业服务主体倾向于在连片化土地上提供规模化的、集中统一的农业生产性服务的偏好具有一定的偏差，使得小农户的农业生产性服务需求与农业服务主体的农业生产性服务供给出现不匹配的现象。

另一方面，与其他生产部门有所区别，农业生产中农作物的生长具有强季节性且生产环节作业具有高时效性，在某一个特定的时间节点，农业生产性服务的需求量呈指数型增长趋势，使得农业生产性服务的供给相对稀缺，出现了供不应求的现象。农业服务主体为赚取更为丰厚的利润，优先为经营规模较大的农业经营主体进行服务，小农户小规模的土地经营面积使其服务需求量始终处于较低的水平，导致他们的农业生产性服务需求容易被服务主体所忽视。

3.4.4 市场对接困难

农资市场和农产品市场是小农户与市场对接困难的两个主要方面。现阶段小农户的农业生产过程中融入了现代化的生产要素，种子、化肥、农药等生产资料多从外部市场获取而非家庭内部供给。然而，分散的小农户在农资市场中与农资供应商讨价还价方面的能力不足，无法以较为优惠的价格获取农业生产资料。农业产业链的不断延伸使得小农户在农产品市场中需要独自与大市场对接，因信息不对称、市场规律把握不准确以及易盲目跟风的特点，小农户所生产的农产品不仅在销售价格上处于被动，还容易产生农产品供给大于需求的滞销状态。在不稳定的农产品市场中，部分小农户，尤其是种植经济作物的小农户，经常出现"增产不增收"的经营惨淡局面。无论是在农资市场还是农产品市场中，分散的小农户在面对具有垄断优势的中间商及其他资本介入时，处于弱势地位。

3.5 小农户组织化获取农业生产性服务的实践探索及评价

小农户分散的经营方式与生产资料的聚集、生产环节的分工、生产过程的协作等均表现出了一定的互斥性。分工在社会与经济的发展中起到积极的促进作用，而小农户独立且同质的农业生产方式却阻碍了分工的进程。因而，通过合作社的方式将小农户组织起来，优化并革新小农户的传统生产方式，使得小农户与农业生产资料得到有效结合。

我国小农户数量庞大，其组织化获取农业生产性服务是农业现阶段的一种重要组织化形式，不仅可以通过整合土地要素进而实现农业的适度规模经营，还可以释放部分劳动力要素，通过转移就业的方式提升其经济地位。

在小农户进行组织化的进程中，出现了多种不同的实践形式，既有正式组织也有非正式组织，主要包括以下四种。

3.5.1 小农户自主联合型

小农户自主联合是小农户之间在共同利益的推动下，自发形成的、成员体量小且非正式的临时协作组织。相较于正式的合作组织，小农户在此组织形式下实现共同经营的门槛较低，在农业生产的各个方面可以进行有效统筹，如土地集中、农资购入、田间管理、风险共担、收益分配等。但是，具有临时协作特征的小农户自主联合组织形式与规范的合作社相比，小农户倾向于以口头的方式达成协作意愿，具有很强的随意性，使得组织内部的架构并不稳定，容易导致小农户之间的彼此不信任、管理混乱、分配不公等问题。因此，农户自主联合的组织形式一般存续时间较为短暂，在带动小农户与现代农业对接方面难以发挥持续的推动作用。

3.5.2 农民合作社型

农民合作社是小农户实现组织化生产的最主要形式，截至 2020 年 5 月底，我国依法登记的农民专业合作社数量达到了 220.5 万个（张琪文，2021）。农民合作社是同类农产品生产经营者通过自愿结合的方式，进行共同生产、民主管理的合作经济组织。与农户自主联合组织形式相比，依法合规的农民合作社可以受法律的保护，资源整合的效果明显，组织的规模更为庞大，抵御风险的能力也较为突出。作为组织化的载体，农民合作社推进农业的规模化经营，在小农户的农业生产中为其提供先进的科学技术与装备，提高农业生产效率，突破了小农户独自且分散经营状态下的局限性。农民合作社还可以借助农业产业化发展的契机，引导小农户参与其中，从而优化合作机制，增强合作效果。但现实中，农民合作社也存在侵蚀小农户权益、利益分配不平等问题。

3.5.3 "公司 + 小农户"型

"公司 + 小农户"是指农产品加工类或销售类企业，在市场机制的引导下，为增加其经营效益，与小农户进行有机融合，以利益共同体的形式来从事农业生产经营活动的组织形式。在实践中，"公司 + 小农户"型的组织形式又相继衍生出以下四种不同的模式。

1. 松散联结模式

在此模式中，小农户与公司之间属于自由的买卖关系而不是正式的合同关系，在一定程度上，公司不仅可以帮助小农户克服农产品销售困难的问题，还可以在避免农业生产风险的情况下获取稳定的农产品供给来源，但是过于倚重市场化的关系使得公司与小农户之间的关系并不稳定（邵爽等，2018）。

2. 订单农业模式

公司与小农户签订正式的契约合同关系，在农作物收获前，确定农产品的收获价格，农作物收获后小农户按照合同规定向公司出售农产品。在此模式下，公司与小农户之间仍受市场关系的制约，农产品质量的不可控性、价格的波动性以及契约合同执行的随意性，导致公司与小农户均易发生机会主义行为，比如在农产品市场价格高于事前约定的收购价格时，小农户违背契约精神，通过其他渠道将农产品售出，以提高其收益。由此可见，公司与小农户之间的联结状态并不稳定（郭亚楠，2018）。

3. "公司＋基地＋小农户"模式

首先，公司通过土地流转的形式获取规模连片的土地经营权，然后，在此建立生产基地进行农业生产活动，小农户作为被雇佣方在公司的安排下进行劳动，成为公司农业生产经营过程中的生产要素投入。在此模式中，公司与小农户缔结了较为紧密的合作关系，可以有效避免公司与小农户之间的机会主义风险（王艳和李录堂，2010）。但是小农户在此过程中仅是以"打工者"的身份从事农业生产活动，容易出现"出工不出力"的现象，导致生产效率的急剧下降，小农户的生产方式也因此容易受到行政力量和资本力量的冲击而瓦解（严海蓉和陈义媛，2015）。

4. 股份合作模式

公司与小农户之间以股权为桥梁，共同出资入股，实现了共享收益、共担风险的产业化经营方式，促进了公司与小农户的紧密联系，降低了生产经营中的交易成本。然而，股份合作模式的开展需要资本、技术、劳动力、产业等一系列方面进行协调匹配，需根据不同时间节点，不同地域发展情况，不同产业特征来有序推进（陈学法和王传彬，2010）。在上述四种模式中，对小农户的条件限制越来越严苛，但小农户在其中的收益逐步提高，稳定性也逐渐增强。总而言之，在市场关系主导下的"公司＋小农户"的组织形式中，小农户受市场因素及行政因素的影响，其利益空间易被其他主体侵蚀。

3.5.4　农机大户带动型

随着农业现代化进程的加速，小农户在进行农业生产经营的过程中也融入了现代化的生产要素，如生产资料、生产技术等，现代要素的投入使小农户和农业现代化生产进行了初步融合，促进了小农户农业生产效率的提升和农业效益的增长。但是，小农户土地细碎化的分布特征及分散化的经营状态使其与现代农业又表现出了相互排斥的一面。

农业生产性服务的供给是小农户与现代化生产要素有效融合的有效方式，在服务供给的过程中，农机大户为了获取规模报酬，鼓励具有相似或相同农业生产性服务需求的小农户统一获取服务，促进了小农户的组织化进程，在保证小农户农业经营主体地位的前提下，维护了小农户的经济利益，但是农机大户与分散的小农户打交道时，需要耗费巨大的精力去谈判和协商，如果不是为本村村民服务，还面临信任危机，因此，通过农机大户来带动小农户组织化的过程需要一定的前提条件且规模难以扩大。

3.6　村集体主导下小农户组织化获取农业生产性服务的探索

在我国农村的发展进程中，村集体承担了多种职能，是集"政治、经济、社会"三方面为一体的混合型基层组织（张晓山，2016）。在以村民自治为基本的"乡政村治"格局下，村集体成了乡（镇）政府传达和执行国家意志的代理人，受乡（镇）政府委托具有协助行政的职能，在功能上相当于基层政府在农村的代理者。近年来，村集体作为农地双层经营之"统"的主体，在整合土地资源要素、统一对接市场等方面能够发挥重要作用，由其主导的小农户组织化获取农业生产性服务被认为是实现小农户与现代农业有机衔接的理想组织载体。

3.6.1　村集体之"统"的功能

在我国农村地区的产权制度中，所有权归属集体所有，承包权归属农户所有，而经营权归属经营者所有，在三权分置的制度背景上，村集体是以相关地域范围内的血缘和地缘关系为基础，维持村社内部秩序稳定的组织（何慧丽和温铁军，2014）。"统分结合"的双层经营体制是农业生产经营体系中的制度根基，"分"指小农户家庭分散、独立的承包经营方式，而"统"指村集体所发挥的统筹经营功能，宜分则分，宜统则统。村集体在农业经营体制与方式的变迁过程中，发挥了重要作用，也是农村地区农业经营主体的重要组成部分。

一方面，作为农村集体经济组织，村集体本身在村庄治理中就发挥着"统"的职能。在人民公社时期和家庭联产承包初期，农户之间在农业生产中的众多事宜需要进行协调，村集体可以利用其"统"的职能，帮助解决一家一户"不好办""办不好""不上算"等诸多事宜。随着家庭联产承包责任制的深入推进，虽然"分"层经营越来越显化，但是村集体仍具备统筹协调的能力，在整合村庄资源，综合治理农业生产、农民生活、农村环境等不同方面，村集体在"统"的层面所发挥的作用仍较为显著。

另一方面，作为本村的自治组织，村集体在村落范围内具有一定的自治基础，与本村的小农户具有天然的地缘情感联结，是值得小农户信赖的利益共同体。虽然农业经营体制在不断演变与革新，村集体所发挥的功能也呈逐渐弱化的趋势，但是其仍具有较为完善的管理与组织体系，为农业农村的不断发展和农业经营方式的革新奠定了管理与组织基础。此外，村民自我管理、自我服务的自治制度体系得以保留，在尊重村民意愿的基础上，确保其可以享有并行使民主权利。

3.6.2　村集体在小农户组织化进程中的统筹协调作用

在"统分结合"之"分"的经营层面下，小农户拥有绝对的经营自主权，造成了规模小、分散化的农业生产格局，使得小农户家庭经营方式与现代农业生产方式之间表现出一定的互斥性，阻碍了我国农业转型升级的进程。如何在确保分散小农户经营主体地位的条件下，对其进行有效的组织化被认为是解决上述问题的重要举措。

在实际的农业生产中，在一定区域范围内，众多分散的小农户本身就存在联合生产的需求。近年来，村集体利用自身优势将小农户进行有效组织，进而实现小农户与农业生产现代化有效对接的方式在各地的农业生产经营中取得了良好的实践成效。村集体是"统分结合"双层经营体制下"统"的主体，是真正组织农民和服务农民的重要载体，以村集体为主导的小农户组织化具有普惠性，既符合现代农业的发展需要，也是乡村振兴背景下落实农村基本经营制度的创新要求。

村集体在小农户组织化的过程中所发挥的作用主要体现在以下几个方面。第一，村集体在生产、生活等诸多方面与小农户有着紧密的联系，且村集体中的村干部由本村村民选举产生，是值得小农户信赖的利益共同体，也是动员小农户能力最强的主体，在小农户组织化发展的进程中起到了积极的引领与带动作用。第二，村集体在一定程度上担负着村庄的治理功能，在土地资源的调配、公共道路的修建、农田基础设施的建设等不同方面发挥着管理职能，在资源要素的"融合"与"汇集"、公共产品的供给过程中，牵涉到众多小农户，村集体可顺势发挥其统筹作用，推进小农户组织化的进程。第三，在小农户组织化的过程中，涉及的主体众多，之间的利益关系错综复杂，难以协调，村集体可充分利用其在本村的乡土人情关系，协调和解决小农户组织化过程中的纠纷与问题，从而带动小农户组织化的深化发展。

3.6.3 村集体主导下小农户组织化获取农业生产性服务的优势

由上述分析可见，在乡村振兴战略实施的过程中，应不断强化农村集体经济组织（村集体）的经济实力和自治能力，激发村集体在"统"的层面发挥更重要的统筹协调作用，为小农户与农业生产现代化的有效对接搭建良好载体。在村集体主导下，小农户组织化获取农业生产性服务具有以下优势。

1. 调整和整合土地要素

为小农户组织化获取农业生产性服务提供良好前提条件。农业生产环节中的大多数为在现场进行的场地作业，农业生产性服务的供给与场地紧密联系在一起，比如整地、播种、收获等。农业服务主体在进行服务时，在不同场地之间作业时，需要付出一定的转换成本，小农户土地分散越细碎，转换成本随之提高，分工所带来的经济增长将被抵消。

村集体可以充分利用其在本村的乡土人情关系，发挥组织协调作用，克服小农户在土地经营过程中的分散化、细碎化等问题，为小农户与农业生产性服务的高效对接提供良好的发展条件。部分村庄在村集体的治理下，延续了动态调整土地的做法，基于土地承包权均等化及"增人增地、减人减地"的原则，定期对土地进行重新分配，土地细碎化等问题在很大程度上得以解决。在进行土地的调整时，村集体也有意识地对土地进行适当的集中，比如让邻里关系融洽或具有血缘关系的农户共同抓阄，这样可以确保其分配的土地连接成片，便于其统一获取农业生产性服务（陈靖和冯小，2019）。即使在没有进行"调地"的村社中，通过组织化的方式，众多小农户签订统一的农业生产性服务契约，可以实现土地要素的连片化与规模化，为了避免"插花地"现象的发生，村集体与未加入组织的小农户进行协调，将土壤肥力好、距离村庄近的优质土地按照1∶1的比例进行调配（徐勤航等，2019），未加入组织的小农户基本均接受这种形式的土地调配，从而为土地的集中连片化经营提供了前提保障，推动了农业规模化经营的进程，为实现连片经营的规模效益提供了良好的前提条件。

2. 统一与整合服务需求

小农户在不同的农业生产环节获取服务的过程与纵向分工的特征相契合，如果小规模农户的生产性服务需求是分散的、零碎的，不可能诱致分工的产生。因此，小农户卷入分工体系继而获取农业生产性服务是有条件的，只有大量小农户的农业生产性服务需求聚合成规模化的市场需求时，方可具备行为发生学意义。通过组织化的方式，克服小农户在获取农业生产性服务中的原子化、细碎化、分散化等问题，实现服务需求的统一化与规模化，为小农户与农业生产性服务的高效对接提供良好的发展条件。

3. 提升市场话语权

市场话语权表现在农资购入、服务获取及农产品售出三个方面。在农资购入方面，小农户组织化后规模化的农业生产性服务需求提高了其议价能力，农业生产资料的购入费用得以降低；在服务获取方面，小农户服务需求统一化与规模化使其成为服务主体的"大客户"，为了保持与"大客户"的良好关系并在其中获取可观的长期利润，农业服务主体会优先为组织化的小农户提供服务，并努力提升服务质量；在农产品售出方面，大规模的农产品销售可以使得组织化后的小农户获得卖方优势地位，在价格谈判、销售时点方面掌握更多的主动权，此外，在村集体的率领下，小农户所生产的农产品可以打造自己的特色品牌，通过与生鲜超市的对接、互联网平台的合作等方式，将农产品与市场及消费者进行直接对接，省去了中间的"倒卖"环节，避免了中间商在其中的谋利行为，使小农户可以获取更多的利益分配。

4. 降低交易成本

以往小农户在找寻农业生产性服务主体、与其谈判以及进行监督作业的过程都是由小农户自身来完成，甚至每个农业生产环节都需要进行找寻、谈判及监督的流程。但是当小农户在组织化获取农业生产性服务后，小农户分散的农业生产性服务需求得到整合，将选择农业服务主体，与农业服务主体打交道及对农业生产性服务进行监督的事宜委托给小农户信任的村集体进行，农业服务主体与单一的农业生产性服务获取方在进行交易时，显然降低了交易频率，从而降低了搜寻成本、信息成本、议价成本、决策成本、监督成本等各方面的交易成本。同时，由于村集体的介入，小农户组织化后的公信力也得以提升，在一定程度上避免了违约现象的发生，从而进一步降低了议价成本和违约成本。

5. 有效利用现代化生产技术装备

小农户组织化后，为了使村庄内的小农户可以更为便捷地获取高质量的农业生产性服务，村集体利用集体资金及一系列的惠农政策项目，完善基础设施的建设，如机耕道路的硬化、农田灌溉设施的统筹规划与开发等，为大型农业机械的生产作业，农田的统一灌溉提供了前提条件，有利于先进的大型农业机械设备的使用，提高了农业生产效率。此外，分散经营的小农户的耕地面积有限，对成本较高的新技术的应用需求较小，如测土配方技术和飞防作业技术等。但是组织化后随经营规模的扩大，新技术的平均应用成本得以降低，推动了现代化生产要素的注入，节省了劳动力的投入，降低了农业经营成本。

3.7 本章小结

在新时代背景下，以小农户为基本生产单元的农业生产方式与农业的现代化发展表现出一定的互斥性，21 世纪初，随着《农村土地承包经营权流转管理办法》的出台，土地流转得以大力推行，被认为是推进我国农业规模经营并实现农业现代化的主要方式，但是在实践中，受多种因素影响，流转主体和农户的流转积极性并不高涨，导致我国农业现代化的进程受阻。在对土地流转的政策导向与现实情况出现的反差进行分析后，本章进一步从理论和实践两个层面梳理了农业生产性服务兴起的原因。理论上，农业的专业化分工和商品交换是农业生产性服务产生的前提条件；实践中，农户分化与兼业化进程的推进，服务供给主体与需求主体的不断发展是推动农业生产性服务兴起的现实因素。虽然农业生产性服务被认为是实现小农户与现代农业有机衔接、实现我国农业转型升级的重要手段，但是小农户小规模、分散化的经营状态使其在获取农业生产性服务中出现了交易成本高、供需不匹配、市场对接困难等方面的困境，使小农户处于弱势地位。因此，众多小农户为了克服在农业生产经营中的困境，开始探索通过组织化的方式进行有机结合，实现在农业生产经营中的合作共赢。实践中，组织化的形式多种多样，如小农户自主联合型、农民合作社型、"公司＋小农户"型、农机大户带动型，然而，在具体的运行中仍存在信任和管理危机、小农户利益受损等种种问题，导致小农户组织化的效果欠佳。村集体依靠天然的组织基础及地缘和血缘关系，可以发挥其统筹协调作用，通过组织化的形式带动小农户统一获取农业生产性服务，在村集体主导下，小农户的土地要素以及农业生产性服务需求得到整合，市场话语权得到提升，交易成本得到降低，现代化生产技术装备得以有效利用，实现了农业生产性服务供给与需求的有效对接，推动了小农户农业生产现代化的进程。

第**4**章

小农户组织化获取农业生产性
服务的实践与制度创新

从全球范围内来看，实现农业现代化国家的农业现代化进程都是从对小农户的改造开始的，因各个国家的国土面积、地形地势、人口数量等资源禀赋的差异，在带动小农户衔接农业现代化方面形成了不同的发展经验。我国拥有庞大的人口数量，耕地资源相对稀缺，小农户在农业生产经营中仍占据主要地位，如何克服小农户在农业生产中的组织困难和市场弱势困境，以组织化、规模化的方式与现代农业发展相衔接是在乡村振兴战略中需要重点考虑的问题。在我国的农业生产实践中，各地已经创造出了不同的方式将小农户引入现代农业的发展轨道之中，如农业服务型、农户自发联合型、合作社带动型、"公司＋农户"型等（叶敬忠等，2018）。近年来，在我国政府的引导和政策的支持下，农业生产性服务得到了大力的发展，小农户通过组织化的方式获取农业生产性服务被认为是进一步加速劳动力非农转移，推进小农户农业生产的现代化进程，实现农业转型升级的重要方式。

在新制度经济学中，制度被认为是社会经济效率的重要影响因素，"制度在经济发展中起着决定性的作用"。制度由正式制度和非正式制度构成，正式制度是由权力机构保证实施的以正式方式加以确定的各项制度安排（甄志宏，2004），如国家的法律、法规，企业的规章、契约、合同等。

虽然正式制度是人类行为准则的基本架构，但是具体的行为约束，大部分都来自非正式制度（李光宇，2009）。非正式制度又称非正式约束或非正式规则，是在人类漫长的发展过程中逐渐形成的，人们在社会中普遍认可并约定俗成的行为准则，如社会规范、风俗习惯、文化传统、宗教信仰、价值观念、道德伦理等（赵羿安，2020）。正式制度与非正式制度相互依存、相互影响、相辅相成。小农户通过组织联合的形式统一获取农业生产性服务的农业生产新模式，即是一种非正式制度的创新。

因此，本章首先以山东省滨州市博兴县为例，详细介绍了小农户组织化获取农业生产性服务的实践情况①，总结小农户组织化获取农业生产性服务的两种模式，即村级代理托管模式和土地入社托管模式的运行机理与实现机制，并就两种组织模式的相同点与差异点进行剖析。然后，以新制度经济学的制度变迁理论为基础，从外部环境变化和集体行动两个方面阐释了小农户组织化获取农业生产性服务这一制度创新的激发和实现机制，并进一步对运行成效及各行为主体的收益进行分析。

4.1　山东省滨州市博兴县农业生产性服务实践情况

博兴县位于山东省滨州市东南部，东经 118°03′~118°23′，北纬 36°58′~37°23′，东邻东营市的东营区与广饶县，南接淄博市临淄区与桓台县，西与淄博市高青县接壤，北与滨城区相连，南北长 45.8 千米，东西宽 29.5 千米。博兴县辖兴福、曹王、陈户、湖滨、店子、庞家、吕艺、纯化、乔庄 9 个镇，城东、锦秋、博昌 3 个街道办事处，1 个省级经济开发区，448 个行政村，总人口 50.5 万人，总面积 900.7 平方千米。

2019 年博兴县的县域生产总值达 366.81 亿元，三产比例为 6.42∶41.46∶52.12，城、乡居民人均可支配收入分别为 37920 元和 18317 元，耕地面积 81.66 万亩，粮食播种面积为 112.47 万亩，其中小麦的播种面积

---

① 本书中，博兴县实践中的小农户指种粮小农户，种植作物为小麦和玉米。

为 55.97 万亩，玉米的播种面积为 53.82 万亩，粮食总产量达 47.55 万吨。

博兴县依托"土地托管"的开展在县域范围内积极推进农业生产性服务的发展，创新农业生产经营方式，在培育农业生产性服务主体的发展，以组织化的形式带动小农户对接农业生产现代化方面作出了积极有益的探索。市级以上的农业生产性服务示范组织 7 家，其中省级 2 家，市级 5 家，在粮食作物的农业生产托管服务中，小麦的托管服务面积达 6.35 万亩，占小麦总播种面积的 11.35%；玉米的托管服务面积达 5.23 万亩，占玉米播种总面积的 9.72%，可以看出，虽然粮食作物的农业生产托管服务还未大规模展开，但尝试性的初步探索已经在县域范围内有条不紊地推行开来。

笔者在山东省滨州市博兴县的实地调研中发现，小农户分散化获取农业生产性服务时，在整地、收割等劳动强度较大的生产环节，他们都选择了向外部获取农业生产性服务的方式来完成作业，而在病虫害防治、施肥、晾晒谷物等方面大部分小农户仍由自身的劳动力完成。在小农户组织化获取农业生产性服务的过程中均是由村级组织首先将小农户的农业生产性服务需求进行整合，然后由市场服务组织提供从种到收的各个农业生产环节的生产性服务，即通过"小农户 + 村级组织 + 农业服务主体"的运行机理展开，在此过程中，从农资购入到田间管理，从农机服务获取到农产品的销售，各项生产环节都由村级组织统一经营，小农户基本不在其中投入劳动力。在小农户组织化获取农业生产性服务的具体实践运行中，存在村级代理托管和土地入社托管两种不同的组织模式。

4.2 小农户组织化获取农业生产性服务的模式分析

在农业生产经营中，农业地域的差异性、农作物种类的多样性以及小农户的异质性使得小农户的组织化过程要因地制宜、因人而异，灵活地选择不同的组织化方式，这是保障小农户与现代农业得以顺畅、高效对接的前提条件。在改革开放的起步阶段，家庭联产承包责任制的实施使得生产经营的微观单位由生产队变为小农户，且数以亿计的小农户具有高度的同质性，我国工业化和城镇化的推进，促进了农村劳动力的非农转移，小农户开始探索兼业化发展的生存路径，并进一步分化为各种不同的类型。目前，对小农户类型的划分并未达成一致，存在多种划分方式。如果根据农业收入占小农户家庭总收入的比重情况，可将小农户划分为非农户（低于20%）、非农兼业户（20%~50%）、农业兼业户（50%~80%）和纯农户（80%及以上）（陈航英，2019）；如果根据小农户农业收入以及未来生计趋向对农地的依赖程度，可将其划分为规模收益类农户、潜在退出类农户、辅助收入类农户和保障生计类农户（刘闯等，2019）。总体而言，从主观方面来看，不同的小农户之间存在家庭收入差异，其在农业生产经营中的意愿及行为偏好具有多样性；从客观方面来看，不同类型的小农户在农业经营能力、兼业化程度以及资源调配能力等不同方面的异质性，使得小农户在生产要素配置、风险承担等方面存在一定的差异。因而，在带动小农户农业生产现代化的进程中，应充分考虑小农户之间的异质化结构和不断分化的趋势，根据不同类型小农户的自身条件及发展意愿，因地制宜并具有针对性地制定相关实施政策，探索带动不同类型小农户的组织化路径。

在山东省滨州市博兴县小农户组织化获取农业生产性服务的实践中，村级代理托管模式和土地入社托管模式的共同开展可以满足不同小农户的组织化需求，两种模式在带动小农户对接农业生产性服务方面均发挥了较好的作用，但是也因组织体系与运行机制的差异造成了对农民收入及农业生产效率的不同影响，下文就两种不同组织化模式的运行方式进行详细分析。

4.2.1   村级代理托管模式

在村级代理托管模式中，农村基本经营制度没有改变，小农户仍然是土地的承包经营主体和受益主体，村集体依靠地缘和血缘的优势，在群众自愿的基础上，将小农户分散的服务需求进行统一和整合，将分散经营的土地进行集中连片，为规模化对接农业生产性服务提供了必要的实施条件。依照"有偿、自愿、合法"的基本原则，小农户与村集体签订托管代理协议，选择农业生产性服务项目并协商服务价格，由村集体代收服务费用。农业生产性服务项目包括种子、农药、化肥等农业生产资料的购买，以及耕地、播种、收割等农业机械化服务的选用①。在将分散的小农户的农业生产性服务需求进行整合后，村集体与农业服务主体对接，签订最终的托管合同，村集体代小农户向农业服务主体支付托管费用，最后收获的农产品归小农户所有，小农户还可委托农业服务主体代其统一销售最终收获的农产品，如果小农户需要自身处置所收获的农产品，农业服务主体则会免费将其运送至小农户家中。村集体因在村级代理托管模式中起到了"上联"农业服务主体，"下联"小农户的组织协调作用，可获取农业服务主体向其支付的每年每亩20元的组织协调费用（见图4－1）。

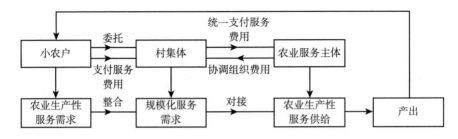

图4－1　村级代理托管模式运行机理

部分小农户仍倾向于在农业生产中自主独立经营，为了避免"插花地"现象的发生，村集体与这部分小农户进行协调，将土壤肥力好、距离村庄近的优质土地按照1∶1的比例进行调配，未加入组织的小农户基本均接受这种形式的土地调配，保障了土地的成方连片。为便于灌溉设施的修建和农业机械的统一连片作业，农户与农户之间的田埂被打破，但仍有界限标识来表明田块的归属，在收割环节按照田块的界限堆放所收获的农产品，便于小农户查验。农业服务主体根据实际需求情况，进行种子、农药、化肥等农业生产资料的购买，农业机械资源的整合，以及田间地头的农业经营管理。在农业生产性服务的实施过程中，村集体会派出相关负责人对农业生产性服务的实施进行监督。由于收获的农产品最终归小农户所有，部分小农户也会利用自身的闲散劳动力进行监督，并在机械作业遗漏

---

① 为了便于统一耕作和服务，在村级代理托管模式中的服务供给方式为全程托管服务供给，即农业服务主体为小农户提供从种到收各个环节的农业生产性服务。

的边角地带进行补充作业，以达到农业生产经营收益最大化的目标。

在经历农耕文明之后，"民以食为天"在农村地区和农民的观念上根深蒂固，尤其是部分经历过饥荒年代的中老年农民，因此，拥有并贮存一定数量的粮食、蔬菜等农产品对他们来说至关重要，还有部分小农户世代从事农业生产活动，存在"恋土""恋农"情节，能够从事部分农业生产活动或仅仅是"看守"土地是他们的愿望。村级代理托管模式在一定程度上允许小农户把土地的经营权掌握在自己手上，并仍然拥有农作物的收获权和处置权，满足他们的"恋土""恋农"情节并消除他们对农产品质量和数量的双重顾虑。

4.2.2　土地入社托管模式

在土地入社托管模式中，村集体首先在本村成立种植合作社，小农户自愿加入其中，实现了将原本分散经营的土地联合起来进行统一经营与管理的规模化经营方式，为了避免"插花地"现象的发生，村集体统一为不加入合作社的小农户调配土地（具体做法与村级代理托管模式相同），保证了土地要素的集中连片，在此基础上，对田埂、水井、灌溉沟渠等农业基础设施进行整理和翻修，为农业的机械化和现代化生产提供便利条件，为获取规模经济奠定良好基础。

然而，真正实现规模经济还需进一步综合考量劳动力要素、资本要素、技术要素等多方面生产要素的融合配置问题。在土地要素规模扩张的过程中，如果其他生产要素未得到跟进匹配，可能会造成规模不经济现象的发生（胡新艳等，2015）。因此，为了实现土地要素与其他生产要素的有机融合，村集体选派种植合作社的经营管理者，负责具体的农业生产经营活动。合作社的经营管理者选择向外部获取农业生产性服务的方式来完成各项农业生产作业环节，与农业服务主体洽谈从种到收的全部农业生产性服务事宜，掌管从农资购买到农作物收获及最后销售的各个方面的经营决策权。为了在农业生产性服务的获取过程中实现效益成本率的提高，经营管理者在选择农业服务主体时进行服务的质价比评估，可以选择将所有农业生产环节委托给一家农业服务主体，也可以选择将不同生产环节委托给不同的农业服务主体，在农业生产性服务的实施过程中，种植合作社的经营管理者对农业作业活动进行监督（见图4-2）。

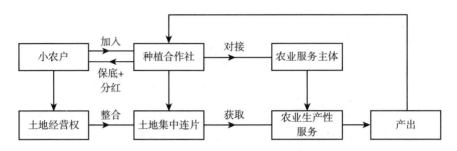

图4-2　土地入社托管模式运行机理

小农户不参与任何农业生产经营活动，对农业生产服务环节没有决策权，对自己入社田块上的农作物也没有直接的收益权，仅仅按照"保底+分红"的方式来获取收益，因此，小农户没有十足的动力去监管和照料土地的经营情况。即使有分红收入的存在，小农户出力监管与否，都是按照约定，获取与其他社员相同的亩均分红收入，如果部分小农户在农业生产中付出劳动力，也很有可能让其他入社的小农户"搭便车"，为了避免这种情况的发生，小农户监管土地经营情况并亲自进行补充作业的意愿很低，几乎没有监督和补充作业的行为。

按照章程约定，在种植合作社支付小农户"保底"收入和经营管理者基本工资的基础上，若种植合作社收入还有盈余，将盈余收入按照1:1的比例，纳入合作社的发展基金库（用于合作社的发展）以及支付社员（小农户）"分红"收益。因不同合作社的具体经营收益情况不甚相同，2018年，小农户加入土地入社托管模式的亩均年总收入为500~600元不等①。

随着农民分化程度的不断深化，部分小农户已经完全转移至城镇工作和生活，农业收入对这部分小农户而言占家庭总收入的比重较小，考虑到时间成本和机会成本，农业生产经营活动对其来说是一种"负担"，但是流转主体的匮乏导致他们无法获取相应的回报，土地入社托管模式可以较好地满足这部分小农户的需求，在满足其工作重心转移至非农行业的情况

---

① 在本书中，为了便于与分散化小农户及村级代理托管模式下小农户的农业收入相比较，此部分收入计入农业纯收入。

下，获取稳定的农业收入。

4.2.3 村级代理托管模式与土地入社托管模式的异同点

1. 相同点

第一，无论是村级代理托管模式还是土地入社托管模式，政府部门均不参与具体的组织过程，都是遵循"小农户+村级组织+农业服务主体"的运行机理展开，村集体在其中发挥了重要的组织协调作用，传承了"统"的传统和职能。对于一家一户的小农户而言，有些事情是不好解决或解决起来不划算的，而村集体能帮助他们有效解决这些问题。近年来，小农户分散化的特征越来越明显，村集体虽然在统筹方面所发挥的作用有所弱化，但是其在村庄内部仍拥有良好的群众基础，小农户对其信任度也较高，带动小农户通过组织化的形式获取农业生产性服务是实现"统分结合"的农业生产经营方式的重要路径。

具体而言，一方面，村集体将小农户分散经营的土地和农业生产性服务需求进行整合；另一方面，将整合后的土地及农业生产性服务需求统一与农业服务主体对接，农业服务主体负责在具体的农业生产性服务环节提供农业生产性服务。通过这种方式，小农户在土地经营权不流转的情况下，初步实现了组织化、规模化与专业化的农业生产经营局面。

第二，为了便于统一获取农业生产性服务与统一进行农地耕作，村级代理托管与土地入社托管模式均实行全程托管服务，即从种到收的各个农业生产环节均依靠外部的农业服务主体提供的生产性服务来完成。

由于市场上的种子、化肥、农药等农业生产资料品种繁多，分散的小农户在进行选择时，为了避免意外与风险的发生，通常会选择数量较多的种类进行混合式的投入。比如在种子的选购方面，小农户一般要选取两种或更多的品种，有时同一农作物在同一村落可能会出现十余种甚至数十种品种共存的现象，导致农业作业的时间节点及技术标准存在差异，不利于规模化和标准化的农业作业。因此，农业服务主体在服务供给中倾向于提供全程托管服务，保证小农户组织化后在种植品种的选择及作业时间方面保持一致。

2. 差异点

第一，土地经营权主体差异。"三权分置"政策下，土地承包权和土地经营权从原本的土地承包经营权中分离出来，通过对土地承包经营权的分解，在保护了土地承包权的前提下，放活了土地经营权，在各利益主体的合法权利得以保障的前提下，通过对制度的严谨设计，在最大限度上规避了因农村体制改革而带来的各种风险。土地的承包者（即小农户）在享受土地承包权的基础上，可以通过各种形式将经营权让渡或与其他主体共享，如土地流转、委托农业生产性服务主体的托管等，并获取相应的土地收益。独立性和排他性是土地经营权所具备的特征，一旦设定后，物权效力随之生成，可以对抗包括承包农户在内的所有法律主体。与此同时，土地经营权的获取不再是仅仅局限于集体经济组织的内部，外部成员、种养大户、农业企业、家庭农场等均可以平等地获取土地经营权。

村级代理托管模式下，小农户通过获取农业生产性服务的方式，与农业服务主体共享土地经营权，但经营权主体仍然为小农户。小农户在种植结构和种植方式方面可能会存在不同的选择，但是为了获取统一的农业生产性服务，在每家小农户同意的前提下，选择统一的种植结构和种植方式，其中可能会存在与村集体多方面的谈判、协商过程。若统一的生产性服务供给方式与小农户的选择偏差较大，小农户可以选择不加入组织。村集体不仅在其中协调且统一小农户在农业生产性服务方面异质性需求，整合服务需求后还可以通过媒介作用向农业服务主体统一购买所需的农业生产性服务，形成规模化的服务需求。

而在土地入社托管模式下，小农户将土地经营权转移给村级种植合作社的负责人，种植合作社负责人掌握了从农资购买到农作物收获以及最后销售的各个方面的经营决策权，具有绝对的掌控力，而小农户在选择土地入社托管模式后，不参与具体的农业生产经营活动，对怎样经营、如何经营漠不关心。

第二，剩余索取权差异。对剩余索取权的解释可追溯至古典经济学的相关理论。土地、资本、劳动是古典经济学中经济增长理论的价值源泉，如果可以充分地获取信息并准确预测未来的行为，人们对收益进行分配时可严格依据要素贡献程度的大小，以达到帕累托最优的分配状态。然而，在现实的生产生活中，信息的获取及行为的预测常常是不对称和不准确的，从而出现了剩余收益的分配问题以及剩余索取权如何分配的问题。因此，剩余索取权指对总收入扣除所有支出后所形成的净收益的要求权，或者指生产监督者因其追加的劳动投入而产生的净效益的要求权，剩余索取权属于所有权的一个重要组成部分（Alchian & Demsetz，1972）。由于契约具有不完全性的特征，对于产权主体而言，剩余索取权的归属至关重要，产权的清晰水平在一定程度上取决于剩余索取权的界定是否明晰。如果个人对剩余索取权的控制能力越强，产权就越明晰，个人就越容易获取剩余利益分配（Demsetz，1967）。剩余利益的多少与行为主体的付出程度紧密相关，获取未知收益的可能性大小激励人们在生产过程中不断创造价值，因而，在清晰的契约合同中，能否获取剩余利益及获取的多少取决于行为主体的付出程度。因此，剩余索取权的合理配置有利于激发行为主体获取利益最大化的动力，从而在社会生产的过程中付出更多的努力，可以更有效率地组织生产活动，带动整个社会经济绩效的提升。

村级代理托管模式中，最终收获的农产品所有权仍归小农户所有，村集体和农业服务主体仅仅起到组织协调的作用和提供农业生产性服务的职责，在此过程中，它们并不会在农业生产收益中获取分成收入，所有的农业生产经营收益归小农户所有，因此，小农户享有完整的剩余索取权。

而在土地入社托管模式下，小农户对自己入社田块上的农作物没有直接的收益权，仅仅按照"保底＋分红"的方式来获取收益，如果种植合作社在支付完小农户的"保底"收入和经营管理者基本工资后还有收入盈余，则按照入社章程的约定，按1∶1的比例用于支付社员的"分红"收益及种植合作社的发展，因此，小农户不享有完整的剩余索取权。

第三，劳动力投入差异。我国经济发展历程中，最基本的经济单元始终不是个体化的雇工，而是农户家庭（黄宗智，2012）。在农村地区，农业生产经营是农户家庭经济构成的重要部分，由于紧张的人地关系，农户家庭为了获得一定的土地产出，在既定土地面积上投入了大量的劳动力资源，使得农业生产经营处于"过密化"的状态，导致劳动边际报酬持续递减，陷入了"没有增长的发展"（黄宗智，2000）。随着城镇化的发展和农业生产技术的进步，在越来越多的生产环节中机械要素可以替代劳动力要素完成生产活动，促进了农村劳动力向非农领域的流动，农业生产经营中的劳动生产率逐步提升，农业发展呈现出"去过密化"的新形态。然而，由于受农业发展阶段、劳动力转移程度和农业生产方式等多方面因素的影响，不同地区、不同农户之间的微观农业生产形态还存在一定差异。

村级代理托管模式中，由于最终收获的农产品归小农户所有，因此部分小农户还会投入一定的剩余劳动力在农业生产中，比如服务的监督、病虫害防治的补充作业等。一方面，这部分小农户沿袭了"仓廪实，衣食足"的农业生产传统习惯与思想，为了收获更多的粮食，获取农业生产的最大化收益，会不计成本地将劳动力投入其中；另一方面，部分小农户中年龄较大的家庭成员仍有"恋农""恋土"情结，从事部分农业生产活动及对农业服务的监督可以满足其农业情怀。

土地入社托管模式中，由于小农户的收入形式是"保底+分红"，即使有分红收入的存在，也是在合作社经营有盈余的前提下才发放的，并且是按照合作社盈余部分的一定比例发放，也就是说小农户的分红收入不稳定且数额较小。此外，无论小农户是否投入劳动力进行服务监督或补充作业，都与其他小农户一样按照约定获取收入，并不会因为劳动力的投入而增加其收入。因此，土地入社托管模式中的小农户在农业生产经营中不投入劳动力。

4.3 小农户组织化获取农业生产性服务的制度创新

为了能够更加清晰地理解小农户组织化获取农业生产性服务的制度创新过程，本节首先构建小农户组织化获取农业生产性服务的制度创新的理论分析框架，然后根据山东省滨州市博兴县的实践情况，从外部环境变化和集体行动两个方面对小农户组织化获取农业生产性服务的制度创新进行阐释。

4.3.1　小农户组织化获取农业生产性服务的制度创新理论分析框架

1. 外部环境变化与制度创新需求的产生

在制度变迁的生命周期中，任何一个制度都有其产生、发展、完善和被替代的过程，这个过程是随着外部环境的变化（如社会、经济环境）而不断变化的，以满足人们对新制度的需求，进而实现预期收益的增加。科斯等（1994）认为，影响制度变迁的因素主要包括外部利润、规模经济、风险和交易费用等制度环境的变化，这些变化会影响利益集团间各主体的利益分配，从而产生对制度创新的需求。当现行的制度在实际运行中受到要素相对价格、政策法规或其他制度变迁的冲击和影响时，外部利润不断积聚，相关利益集团为了获取最大化的利益，有意识地推动制度变迁，同时，在政治和法律法规层面上的变化也为制度创新提供了相应的外部环境，推动了制度变迁的进程（Bromley，2006；国彦兵，2006；朱琴芬，2006；任辉和吴群，2012）。

在我国农村地区，随着城镇化的发展，大量的农村劳动力迁移至城市，导致农村劳动力匮乏，但农地家庭承包经营制度导致的分散、小规模的农业经营现状并未得到改变，因此，大量小农户产生了对农业生产性服务的需求。小农户获取农业生产性服务的方式主要有两种。一种是每家每户的小农户分散化获取农业生产性服务，在这种方式下，绝大多数的小农户仅购买劳动替代性较强的机械服务，如耕地、收割等，在施肥、喷洒农药等农业生产环节仍由小农户自身完成。在小农户分散化获取农业生产性服务时，每获取一项服务，都需要"货比三家"，跟不同的服务主体谈价格，挑选性价比最高的农业服务主体为其服务，在服务的过程当中，小农户也需要付出自身的劳动力去对农业服务主体所提供的服务进行监督。另一种为小农户通过组织化的方式来统一获取农业生产性服务，在众多小农户的农业生产性服务需求相同或相似时，他们会联结起来一同与农业服务主体对接，有助于交易成本的降低，在这种方式下，小农户倾向于将耕、种、管、收等所有农业生产环节全部交由农业服务主体负责，为农业生产性服务的规模化提供了需求基础；与此同时，这也促进了先进的农业设备与技术的科学利用，比如无人机飞防作业技术和测土配方技术，在需求量小且分散的情况下，技术的平均应用成本较高，实施的可能性较小，但是服务需求达到一定规模后，降低了每个小农户对技术应用的成本，在相对价格较低的水平上获取先进农业设备与技术服务的同时，各种农业机械的应用和新技术的推广，既提升了生产性服务能力和科技含量，也提高了农业生产环节的可计量、可监督性，为农业的生产性服务提供技术支撑。就国家层面而言，为了确保粮食安全和推进乡村振兴，政府也在不断探索小农户与农业生产现代化有效衔接之路。由此可知，社会经济环境的发展，小农户组织化获取农业生产性服务的需求，以及政府在带动小农户对接农业现代化的推动力量成为农业生产性服务制度创新的动力来源。

2. 集体行动与制度创新的实现

一般而言，制度的重新调整、配置、创新都会对制度相关者的利益产生不同程度的影响，进而形成不同的利益集团，在制度变迁过程中的不同方面发挥不同作用。利益集团是指在制度创新的过程中，具有不同利益诉求、不同偏好、不同政治背景的制度创新主体联结起来可以采取集体行动的组织。奥尔森（1995）指出，在制度创新的过程中，制度创新的方向与利益集团之间的博弈过程和结果高度相关，利益集团在制度演进中起到至关重要的作用。

因此，在制度的创新中，不能只关注外部环境与经济利益的变化而忽视了集体行动的重要性（布罗姆利，1996），不同主体之间根据自身的态度偏好和利益目标进行相互作用，推动着制度变迁的发生，对制度的重新安排起了决定性的作用。由此，小农户组织化获取农业生产性服务的制度创新可以看作是由政府、农业服务主体、村集体和小农户等多元主体共同参与的社会过程，其有不同的利益诉求和目标函数，他们之间的相互作用和影响，决定了能否达成新的集体行动，也就是制度的创新能否实现。

4.3.2　小农户组织化获取农业生产性服务的制度经济学解释

根据制度创新理论分析框架，结合山东省博兴县的实际情况，对小农户组织化获取农业生产性服务这一制度创新，从外部环境变化和集体行动两个方面进行分析与阐释，如图4-3所示。

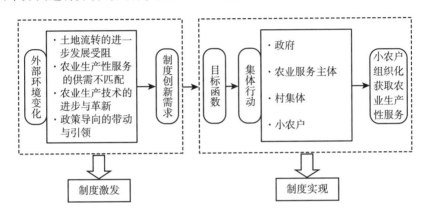

图4-3　小农户组织化获取农业生产性服务的制度创新机理

1. 小农户组织化获取农业生产性服务制度创新的外部环境变化

第一，土地流转的进一步发展受阻。改革开放前，由于我国城乡二元体制的设立，严格的户籍制度和差异较大的社会福利制度使得城乡之间处于相对割裂的状态，鲜有社会经济联系，农村劳动力向城市流动的机会很少，基本处于静止状态。伴随着农村改革的深化，政策层面放宽了对乡镇企业的管制，促使农村劳动力就地非农转移，加快了农村剩余劳动力的消化过程。随后，东部沿海地区的对外开放政策加速了其工业化的进程，吸引了大批劳动力的迁入，尤其是农村地区的劳动力，实现了农村劳动力在空间上的非农转移。农村劳动力的异地非农户转移比例在2018年时已经达到了59.9%（陈咏媛，2019）。以博兴县为例，2019年，除农业规模经营主体外，小农户中有95%以上的青壮年劳动力全都外出打工，农村中农业劳动力匮乏的现象普遍存在。部分小农户的所有家庭成员均转移到城镇生活，无心在农业生产环节投入精力，还有一部分小农户家庭中只有年龄较大的老人留守在农村，年龄的增长导致体力下降，即使在个别环节可以实现机械对劳动力的替代，但仍有部分农业生产环节，如施肥和打药等需要自身投入一定的劳动力去完成，但对于年长的老人，尤其是身体状况较差的老人而言，这也是一项艰巨的任务，没有心力继续从事农业生产活动。

21世纪初，我国大力推行土地流转这一农业经营的创新模式，博兴县也在县域范围内积极开展通过土地流转带动农业适度规模经营的农业转型发展模式，2015年，博兴县的土地流转比率就达到了33.2%（王守华，2015），但是在近年的实践运行过程中，并未收到良好的实践成效，土地流转比率保持稳定，甚至呈现出下降的趋势。相当一部分流转主体在运营过程中出现了亏损情况，在政府对土地流转政策补贴项目逐年减少的现实背景下，流转主体的土地流转进程难以为继，甚至出现了"跑路"的现象，土地流转主体的数量迅速下滑。在博兴县农业生产的实际情况中，出现了即便小农户愿意以较低的价格将耕地流转出去，也无法找到合适的流转主体进行土地流转的现象。因此，小农户将土地的经营权委托给自己信任的个人或组织来进行经营管理成为了一种新的农业生产路径。村级组织因地缘和血缘的优势，在当地具有较好的威望，其将众多小农户的类似需求整合起来，通过组织化的方式统一对接农业服务主体，既解决了谁来种地的问题，又在一定程度上推进了农业的规模化经营，带动了小农户对接农业生产的现代化。

第二，农业生产性服务的供需不匹配。在博兴县农业生产的实际过程中，小农户仍分散、细碎地经营着大量的土地，导致其农业生产性服务需求也呈现出小规模、零散化的特征，这与农业服务主体偏向于提供统一化、集中化、规模化的生产性服务供给存在冲突。

一方面，农业生产过程中存在季节性较强和时效性显著的特征，这与工业和服务业体现出了巨大的差别，比如小麦的收割环节，过早进行收割可能导致小麦还没有完全成熟，而过晚收割可能会因雨水的冲击导致小麦出现发芽、霉变的情况，因此，黄金收割期限较短，可能仅有几天的时间。由此可知，在农业生产的某一时间节点，农业生产性服务的供给因需求的飞速增长而变成一种稀缺资源（高强和孔祥智，2013），供不应求的现象非常严重。小农户地块较多且分布散乱，农业服务主体为其提供农业生产性服务时，往往因机械的调头频率和往返地块间路程距离的增加而损失了作业效率。与规模化的服务需求方相比，农业服务主体为小农户提供服务时，在相同的工作时间下，服务面积减少，服务报酬降低，因此，小农户农业生产性服务需求容易被忽视。另一方面，为了降低农业生产成本，农业服务主体倾向于购置大马力机械设备来实现农业生产中的规模经济，这与小农户需求量低、经营规模小的农业生产性服务需求不匹配，导致小农户在获取农业生产性服务的过程中处于被动状态。

小农户为打破在获取农业生产性服务时与农业服务主体的不平衡、不匹配的状态，寻求与地域相近、需求相似的其他小农户联合起来统一向农业服务主体购买服务，从而推动了小农户组织化获取农业生产性服务这一农业经营方式的产生。

第三，农业生产技术的进步与革新。技术进步和制度变革是一种相互依存、相互促进的关系，在一定程度上，技术进步是促成制度创新的重要因素之一。新制度经济学认为制度变迁决定了技术的变革，但同时也不否认技术进步对现行的制度安排中的成本和收益的影响。主要表现在：技术进步增加了制度变迁的潜在利润，并降低了相应的变迁成本；技术进步对利益的重新分配有较大的影响（丁娟，2003）。

近年来，随着科学技术的不断进步，各种农业机械和生产技术在我国农业的生产实践当中得到广泛的应用，如收割机、烘干塔、无人机、测土配方技术的推广与使用等。2005年以来，农业机械化在我国得到了飞速的发展，从三大粮食作物来看，小麦的机械化进程是开展最早且进展最快的。2015年，小麦的机播比例达到了87.54%，机收比例达到了95.23%，机械化的综合利用水平为93.66%，从以上数据来看，小麦的生产环节基本实现了机械作业全覆盖。同年，水稻和玉米的机械化综合利用水平分别为78.12%和81.21%。2000年时，水稻在育秧和种植环节的机械化率为4.43%，到2015年时，此项比率已经达到了42.26%，接近增长了10倍；机械化收割的比率也从2000年的15.42%提高到86.21%（2015年）。玉米在播种环节的机械化应用程度由45.87%（2000年）提升至86.62%（2015年），提高了近1倍，在收割环节的机械化应用程度由1.69%（2000年）提升至64.18%（2015年），增长近38倍（焦长权和董磊明，

2018）。可见，21世纪以来，三大粮食作物在机械化作业水平方面得到了突破性进展，推动了我国农业机械化的快速发展。

随着2004年《中华人民共和国农业机械促进法》的生效，农机具补贴政策在我国全面推广开来，博兴县也响应政策的号召，积极购置各种农业生产机械设备，提高农业机械化的水平，以带动农业生产效率的提升。截至2018年，全县拥有各类机械设备1000余台（套），农机装备水平位于山东省前列，县域内的纯化镇为全国百强农机乡镇。此外，县域范围内的农机合作社也得到了大力发展，多家农机合作社已经达到"五化"标准（即综合化、企业化、品牌化、职业化和基地化），如店子丰农、城东兴博、博昌利丰、纯化鹏飞等（宋任祥等，2015）。农业技术的进步与农业机械的发展促进了博兴县农业生产由传统的小农生产方式向规模化、机械化的现代农业生产方式转变。大型机械的使用固然可以提高农业生产效率，并有效减少了人力资本的投入，但是机械的高效运转需要适度的农业经营规模作为保障才可以实现规模经济，降低农业生产成本，否则细碎化的农机作业不仅降低了农机作业效率，而且也会因此增加机械运营成本，无法体现出农机作业对农业生产的正向影响。此外，新科技和新技术的应用与推广，例如科学的测土配方技术、高效的飞防作业措施，这些需要规模化经营的土地来降低平均的技术应用成本。新技术、新机械的使用在提高农业生产效率的同时，也要求必要的经营规模做支撑，倒逼了土地经营的连片集中。小农户组织化获取农业生产性服务可以在不进行土地流转的条件下实现主要或全部生产环节的集中连片经营。

在农业生产技术不断进步和发展的背景下，农业的现代化和机械化生产有利于提高农业生产效率，增加外部潜在利润，并降低农业生产中的监督和管理成本。博兴县政府、农业服务主体、村集体、小农户等各个层级的涉农主体均对小农户组织化获取农业生产性服务持积极态度，这也成为推动小农户组织化获取农业生产性服务制度创新的有效前提和重要力量。

第四，政策导向的带动与引领。我国现阶段正处于从传统社会向现代社会的加速转型时期，传统的分散、小规模的农业经营状态严重制约了农业的进一步发展，如何通过农业的社会化服务来实现小农户与农业生产现代化的有效对接，成为整个社会关注的焦点问题。自20世纪90年代以来明确农业社会化服务体系的概念之后，我国农业社会化服务自此进入繁荣发展新局面（杨子，2020）。近年来，农业生产性服务成为有关政府部门和专家学者关注的热点，2017年8月，农业部等三部委联合发布《关于加快发展农业生产性服务业的指导意见》，将农业生产性服务的发展视为农业发展的战略性目标，强调农业生产性服务的多元化、多层次、多类型的综合发展，从而丰富规模经营的形式，带动农业适度规模经营的发展。党的二十大报告进一步指出："巩固和完善农村基本经营制度，发展新型农村集体经济，发展新型农业经营主体和社会化服务，发展农业适度规模经营。"通过这些政策文件可以看出国家层面正大力发展农业生产性服务业，希望以此将普通小农户引入现代农业发展轨道中来。国家层面的政策导向必然对各级政府及各类组织产生显著影响。

就博兴县而言，当地政府通过响应上级政府的政策，积极探索小农户与现代农业有机衔接的可行性路径，在县域内通过推行村级代理托管、土地入社托管等不同的模式实现区域农业经营方式向规模化、组织化转变，通过组织化的方式将小农户引入现代农业发展的轨道，提高农业生产效率和农民的总体收入，同时也可以提高地方政府的政绩。

2015年以来，博兴县在县域内逐步开展"万亩方田"耕地整治项目，对特定区域内的耕地进行整合连片，并对整治范围内的沟渠、涵桥等进行改造。改造前，每家农户首先按照每户的人数分配一定数量的耕地，还要按照耕地的位置、土地肥力等因素将分配到的耕地划分为不同的地块，引致了地块的分散化经营特征，每家农户少则三四块耕地，多则七八块耕地，且地块的分散导致了灌溉的沟渠等基础设施的建设和分布处于混乱的状态。通过耕地整治项目后，每家农户的地块数基本整合为一块或两块，且对田埂、沟渠、道路等农业基础设施进行了改造与完善，为组织小农户统一获取农业生产性服务提供了必要的条件。

农业服务主体积极响应政府号召，通过购买先进农业机械设备和利用其在整合农机资源方面的优势，更好地向小农户提供农业生产性服务，既提高了自身的经营收入，又可以得到相关政策在资金、用地、技术及组织协调等方面的支持，进一步促进其良性发展。国家对农业生产性服务业发展的倡导，影响着相关主体的理念和具体行动，促进了小农户组织化获取农业生产性服务制度创新行为的产生。

2. 小农户组织化获取农业生产性服务制度创新的集体行动

政府、农业服务主体、村集体及小农户是小农户组织化获取农业生产性服务的制度创新中的四个最主要的利益主体，它们在农业生产实践中根据各自的目标函数，在一定的制度环境下，通过谈判、协商等方式，将各自的行动纳入一个完整的组织体系进行运作，最终形成了小农户组织化获取农业生产性服务的新型农业经营模式，实现了农业生产过程中的价值增加和收益共享，也实现了各自的利益目标。

（1）从相关主体的目标函数来看，布罗姆利（Bromley，2006）指出，集体行动的目的不只包括提高生产效率、重新分配利益并提高自身收益的有形收益，还涵盖了一些社会中存在的无形收益，比如社会经济环境的发展、生活水平的提高、社会的和谐稳定等。

在博兴县小农户组织化获取农业生产性服务的实践中，当地政府通过在政策层面的鼓励，促进了小农户与农业生产性服务的对接，推进了农业现代化的进程，提高了农业生产效率，在完成上级政府部门任务考核的前提下，发挥政府部门在农业经营方式创新方面的带动作用，为制度创新提供强大的推动力量（王蔚等，2017）。

农业服务主体为小农户提供耕、种、管、收等各项农业生产性服务，其利益目标主要是通过提供农机服务、农业技术服务和农资供销服务，来获取相应的服务报酬和农资批零价差收益，实现自身的发展。

村集体在小农户组织化获取农业生产性服务的制度创新中，主要有两方面的目标考量。首先，在组织本村村民统一对接农业生产性服务的过程中，村集体发挥了组织、协调和中介服务作用，将本村小农户的农业生产性服务需求进行了整合，从而便于与农业服务主体的农业生产性服务对接，因此，村集体在此过程中会获取一定的报酬，增加村集体的经济收益。其次，在小农户组织化获取农业生产性服务的过程中，村集体密切了村内干群关系，提升了村干部的工作能力，推进了和谐乡村与文明乡风的发展进程。

小农户通过组织化获取农业生产性服务的方式，弥补了因劳动力非农转移而导致的农业劳动力不足的问题，小农户的家庭劳动力可以安心在城镇打工，获取丰厚的工资性收入。同时，小农户组织化获取农业生产性服务可以降低信息成本、搜寻成本、监督成本、议价成本等各项交易成本，组织化后以规模化的方式获取农业生产性服务还有利于降低技术的平均应用成本，提高了农业生产的技术水平和效益，在劳动力得到释放的同时，增加了小农户的农业经营收入。

（2）从集体行动的视角来看，博兴县政府、农业服务主体、村集体、小农户根据自身的目标函数，在小农户组织化获取农业生产性服务的实际运行中采取不同的行动，在其中发挥了不同的作用。博兴县政府出台政策方针，通过费用减免，给予农业服务主体农机具购置补贴、提供农机具存放及企业运营的土地支持，对实行组织化的村级组织进行奖励等方式，在政策层面推动小农户组织化获取农业生产性服务的制度创新；农业服务主体负责具体的农业生产性服务实施，从种子、化肥、农药等农资的供应，到整合社会农机资源进行耕地、收割等机械服务，再到粮食的收储烘干和销售，所有的农业生产环节都由农业服务主体来进行组织实施；为了更好地使土地集中连片对接农业生产性服务，以及整合社会农机资源，村集体在组织小农户的过程中发挥了重要的中介作用，因村集体在本村具有良好的群众基础，在整合农地、作业监督方面具有较大的优势，可以鼓励本村小农户积极地参与组织化的过程，村集体"上联"农业服务主体，"下联"小农户，将小农户分散的农业生产性服务需求进行整合后统一与农业服务主体对接，实现了规模经济，提高了小农户获取农业生产性服务的效率；小农户为了避免因劳动力非农转移导致的劳动力不足情况，以及节省农业生产成本，提高小农户家庭收入的目标，积极参与组织化建设，统一获取农业生产性服务，从而实现小农户组织化获取农业生产性服务的制度创新。

4.3.3　小农户组织化获取农业生产性服务的运行成效及其收益分析

在小农户组织化获取农业生产性服务的实践过程中，解决了农业生产中"谁来种地，怎样种地"的现实难题，降低了交易成本和种粮成本，实现了小农户与农业现代化的有机衔接，各行为主体在不同方面也获取了相关利益。

1. 小农户组织化获取农业生产性服务的运行成效

第一，实现组织化、规模化经营，破解"谁来种地"的难题。当小农户分散化获取农业生产性服务时，不仅服务效率低下，而且交易成本也较高。为此，村集体带动本村村民以组织化的形式来对接农业现代化的发展，在村级代理托管、土地入社托管等不同模式中，村集体发挥了组织协调和中介作用，将小农户分散经营的土地和农业生产性服务需求进行有效的整合和集中，统一与农业服务主体对接，由农业服务主体负责农业生产环节的作业，实现农业生产性服务供需连接的同时，破解了"谁来种地"的农业生产难题。

第二，推广农业新技术，解决"怎样种地"的问题。小农户组织化获取农业生产性服务时，在很大程度上以统一和标准的耕作方式进行农业生产经营，这有利于大型农业机械的应用，推进了机械要素替代劳动要素的进程，助推了农业现代化的发展。此外，还促进了农业新技术的推广和应用，如测土配方技术和飞防作业技术。分散经营的小农户的耕地面积有限，对成本较高的新技术的应用并没有太大的需求。小农户组织化获取农业生产性服务后，规模的扩大降低了新技术的平均应用成本，农业服务主体以较低的价格为小农户提供此类服务，节省了劳动力的投入，更高作业效率使得农业生产成本得到降低，从而增加了农业服务主体的经营利润。此外，测土配方和飞防作业技术的应用还响应了国家"化肥、农药零增长"的行动方案。测土配方技术可根据具体的田块进行配肥，使农地的化肥中各元素的比例更加合理，施肥更具针对性，减少了化肥总量的投入，促进了农地的可持续利用。飞防作业技术可以有效控制农药的喷洒数量，以前分散小农户在种植的过程中，为了保障粮食的产量，只要一出现"病、虫、害"现象就加大农药的喷洒频率和数量，严重危害了粮食的基本安全。采用飞防作业技术后，农业服务主体以科学的方式，按照农药喷洒标准，有效地控制农业的喷洒频次和数量，杜绝农药的过量使用。农业生产环节中现代化的机械要素投入，以及新科技和新技术的应用，回答了在新时代背景下"怎样种地"的问题。

第三，降低交易成本。威廉姆森（Williamson，1985）将交易成本划分为以下几项：交易之前的搜寻成本（包括交易商品信息及交易对象信息），以及与交易的潜在对象进行信息互换的信息成本；交易过程中就产品质量、价格等进行价格协商的议价成本，进行决策和签订契约合同的决策成本，对交易对象是否高质量履约的监督成本；交易之后若出现违约现象所需付出的违约成本。小农户分散化获取农业生产性服务时，在需要向外部获取服务的环节上"亲力亲为"，从搜寻服务主体到缔结服务契约（一般为非正式契约）再到对服务进行监督都需一家一户自身完成。在小农户组织化获取农业生产性服务时，小农户分散的服务需求得到了整合，统一委托村级组织代其完成在获取农业生产性服务中的搜寻、信息交换、谈判、缔约、监督等诸项交易环节。农业服务主体在与村级组织这一单一的农业生产性服务获取方进行交易时，交易频率显然得到降低，搜寻、信息交换、谈判、缔约、监督等交易环节中的各项交易成本随之得到降低。此外，组织化的形式极大地扩大了小农户的农业生产性服务需求，提高了其议价能力，村集体的介入也使得小农户在获取农业生产性服务中的公信力得到提升，农业服务主体为了保持与"大客户"的密切联系，获取稳定的服务收入，会努力提升自身服务质量，从而在一定程度上避免了违约现象的发生，进而对议价成本及违约成本的减少起到显著的促进作用。

第四，降低种粮成本。农业服务主体通过组织化的形式为小农户提供规模化的农业生产性服务时，组织化的小农户在农资采购（种子、化肥、农药）及农业机械服务方面获得了买方优势，可以以低于市场平均水平的价格获取相关的农业生产性服务，由此，农业服务主体在为组织化的小农户提供农业生产性服务时，可以获取一个利润空间，获得了双赢的结果。根据2019年笔者在博兴县的入户调研数据的统计分析可知（见表4-1），小农户分散化获取农业生产性服务时，亩均农资和农机投入的平均成本为511.665元，组织化获取农业生产性服务时，平均的农资和农机投入成本为478.299元。

表 4 - 1 农户亩均投入信息

组别	样本量（户）	亩均农机服务投入（元）	亩均农资投入（元）	亩均"农机＋农资"投入（元）
总体	372	130.223	366.194	496.417
分散化小农户	202	149.282	362.383	511.665
组织化小农户	170	107.576	370.723	478.299
——村级代理托管模式	84	82.000	420.062	502.062
——土地入社托管模式	86	132.557	322.531	455.088

注：小农户组织化获取农业生产性服务时，农资的获取也是服务的一部分。村级代理托管模式下，农业服务主体向小农户提供种子、化肥、农药等农资服务供给时，会免费配套相应的播种、施肥、飞防作业等农机服务，但是价格也会相应提升，这就造成了"亩均农机服务投入"偏低，而"亩均农资投入"偏高的情况。

第五，实现了小农户与农业现代化的有机衔接。在当前和今后一段时期内，小农户在我国农业生产经营中仍占据主要地位，通过组织化的形式，将小农户的农业生产性服务需求进行整合。随着科学技术的进步，越来越多的生产环节可以从农业生产的整体过程中分离出来，国家层面对农业生产性服务业的大力推进，也推动了一大批农业生产性服务主体的诞生，其使用现代化的农业机械装备、农业生产技术手段为小农户提供农业生产各个环节的服务，一方面稳定农业生产性服务供需连接的平衡性，另一方面将现代化的农业生产要素注入小农户的农业生产经营中。小农户与现代农业发展相融合，这与新时期的发展思想相契合，是实现中国特色农业现代化的必然选择，是实现乡村振兴战略的应有之义。

2. 相关行为主体的收益分析

在小农户组织化获取农业生产性服务的实践过程中，博兴县政府、农业服务主体、村集体、小农户是四大行为主体，同时也是受益主体，他们在不同程度上都会因农业生产性服务的开展在不同方面获益。

首先，博兴县政府虽然在组织小农户对接农业生产性服务的实践中没有得到直接的经济收益，但是其在政策、资金上对农业服务主体及开展组织化带动小农户获取农业生产性服务的村集体进行扶持，可以促进小农户组织化获取农业生产性服务进程的顺畅运行和有序发展，对区域内小农户转变农业生产方式、提高农业生产效率、带动农民增收及保障粮食安全等方面发挥了巨大的作用。在提高了政府的政治影响力的同时，推动了县域经济的创新与发展。

其次，农业服务主体通过组织化的形式为小农户提供规模化的农业生产性服务，获取可观的服务报酬。大规模的农资采购（种子、化肥、农药）和粮食销售可以使得农业服务主体获得买方及卖方优势，即使给小农户的农资供应价格低于市场价格，仍然可以获取可观的利润，比如在博兴县纯化镇的农资供给中，农业服务主体提供给组织化小农户每年每亩的种子价格比分散化的小农户低20元（小麦10元、玉米10元），化肥价格低60元（小麦40元、玉米20元）。大规模的粮食售出可以直接与粮食加工企业进行对接，粮食销售价格略高于市场价格；农业机械在为规模化的土地提供农机服务时，避免了频繁调头，减少了机械往返不同零散地块之间的路程，从而提升了农业机械的使用效率，节约了油耗和时间成本，即使提供给小农户的价格低于市场平均价格，连片化和大规模的作业仍可以使得农业服务主体获取一定的农业机械服务收益。

再次，村集体因发挥的组织协调作用，也可以获取一定的收益。在村级代理托管模式中，农业服务主体向村集体支付每年每亩20元的组织协调费用，用于增加村集体的收入，并调动村集体成员的工作积极性。在土地入社托管模式中，虽然村集体没有直接的收益，但其委派的合作社经营管理者会获取工资收入，合作社收入盈余时，部分资金继续用于村集体领办的合作社的进一步发展，这对于增加村集体的凝聚力，密切村集体与村民的关系起到了显著的促进作用。

最后，小农户组织化获取农业生产性服务时，因规模效应的存在，使其在购买农业生产资料、机械化服务等方面的成本有所下降，降低了农业生产成本，节省了劳动力投入，促进了小农户家庭劳动力的非农转移。小农户将土地交由专业人员管理后，家庭劳动力可安心于城镇工作，节省了因农忙时节往返城乡的交通费用和误工成本，增加了小农户的家庭总收入。通过2019年对博兴县小农户调研数据的统计分析可知（见表4-2），小农户分散化获取农业生产性服务时，家庭人均总收入为2.81万元，而小农户组织化获取农业生产性服务时，家庭人均总收入达到了3.68万元。

表 4 – 2　　　　　　　　　　　　农户家庭人均总收入对比

指标	总体	分散化小农户	组织化小农户	村级代理托管模式	土地入社托管模式
样本量（户）	372	202	170	84	86
家庭人均总收入（万元）	3.21	2.81	3.68	3.76	3.72

4.4　本章小结

　　本章首先对山东省滨州市博兴县的农业生产基本情况及农业生产性服务的发展现状进行了简要的概述，并通过对博兴县的实地调研发现，小农户组织化获取农业生产性服务的实际运行中，主要存在两种组织模式，即村级代理托管模式和土地入社托管模式，两种组织模式均遵循"小农户 + 村级组织 + 农业服务主体"的基本运行机理展开，初步实现了土地在承包经营权不流转情况下的组织化、规模化与专业化的农业经营。在对两种组织模式的运行机制进行深入分析后发现，两种模式在经营权主体、剩余索取权方面存在差异，在村级代理托管模式下，经营权主体仍为小农户，且小农户保有完整的剩余索取权，部分小农户在农业生产中仍会投入少量劳动力；而土地入社托管模式下，经营权主体为合作社负责人，小农户仅保留少部分剩余索取权，且不会在农业生产中投入劳动力。

　　其次，根据制度变迁理论，以制度的激发和制度的实现为主线，从外部环境变化和集体行动的视角，揭示了在山东省博兴县小农户组织化获取农业生产性服务这一农业经营模式创新的形成机制。具体而言，外部环境中，土地流转的进一步发展受阻、农业生产性服务的供需不匹配、农业生产技术的进步与革新、政策导向的带动与引领使得制度的运行与当前社会经济发展形势不相协调，诱致了制度创新需求的产生，相关利益主体——博兴县政府、农业服务主体、村集体、小农户在制度变迁的过程中根据自身的利益诉求，在集体行动中发挥着不同的作用，共同推动了制度变迁的实现。在此过程中，实现组织化、规模化经营，破解"谁来种地"的难题，推广农业新技术，解决"怎样种地"的问题，降低了交易成本和种粮成本，实现了小农户与农业现代化的有机衔接，各参与主体也实现了各自的目标。

小农户组织化获取农业生产性服务的影响因素

近年来，农业生产性服务业因农业生产发展的需要及国家政策的推动，得到了快速的发展。伴随着我国农业现代化、机械化的发展，农业生产经营方式已经发生了深刻的变化，同时，小农户在进行不断地分化，他们的兼业化行为越来越普及，农村劳动力的非农转移程度也越来越深入。因此，在农业发展的现阶段，小农户对农业生产性服务的需求从内容到形式上都衍生出了新的变化。

在山东省滨州市博兴县小农户组织化获取农业生产性服务的探索中，取得了一定的实践成效，促进了小农户与农业生产现代化的对接。假设小农户符合"理性小农"的假说，其应为了追求利益的最大化而选择组织化的形式来获取农业生产性服务，但是在现实中，外部环境总是处于不稳定的状态且小农户与外部市场存在信息不对称的情况，小农户很难在决策之前就可以全面了解所有的备选方案及其结果，因而，小农户在决策过程中所追求的是最满意的结果，而不是效益最大或最优的结果，因此，在实际的农业生产经营中，仍有相当大比例的小农户仍以分散化的形式获取农业生产性服务。为了进一步探究其背后的原因，本章以博兴县的农户调研数据为基础，对小农户组织化获取农业生产性服务的影响因素进行实证检验，并分别对两种不同组织模式——村级代理托管模式和土地入社托管模式进行分析。

5.1 影响因素辨识分析

根据农户行为理论，作为农业生产经营的利益主体，小农户的行为决策往往受到家庭成员主观认知水平、文化思想传承、家庭资源禀赋、外部环境等多方面的综合影响，与此同时，小农户还处于相对复杂的经济社会系统之中，信息不对称及有限的分析判断能力对其行为决策均有一定的制约，小农户具有典型的有限理性特征。基于此，小农户是否通过组织化的方式来获取农业生产性服务的行为决策要综合自身的特征、家庭生活方式及家庭的未来发展需求来进行综合考虑，是在有限理性的基础上追求多目标的行为决策过程，而非一味地追求短时期内家庭经济效益的最大化。

为了更好地反映小农户组织化获取农业生产性服务的影响因素，在变量选择方面，本章尽可能多地控制那些对小农户选择组织化获取农业生产性服务决策行为产生影响的变量，并且这些变量不受是否参与组织化获取农业生产性服务的影响。本书共选择三类变量，即家庭主事者特征、小农户家庭因素和村集体因素。

家庭主事者一般为小农户家庭中的男性长辈，其在家庭各个事项中掌握着重大的决策权，不同家庭主事者的个人特征不尽相同，对组织化获取农业生产性服务的看法也存在一定的差异。因此，家庭主事者的特征对小农户是否选择组织化获取农业生产性服务的行为决策可能具有较为重要的影响。这些可能影响小农户组织化获取农业生产性服务行为决策的家庭主事者特征主要包括：年龄、非农工作经历、特殊工作经历、商业养老保险等。

小农户家庭作为农业生产经营中的最基本的微观经济单元，是自负盈亏的农业经营主体，如果他们符合"理性小农"的假设，在家庭经营中追求利益最大化（以最少的成本获取最大的经济效益），然而，小农户家庭不仅具有经济属性，还存在社会属性，单纯地追求经济方面的效益最大化可能并不是小农户家庭唯一的目标，还要综合考虑生存、居住、就业等方面的问题。因此，对小农户家庭因素的分析，可以更好地理解其组织化获取农业生产性服务的决策行为，本书从是否在城镇购买商业住房、农业收入占比、是否有从事农业生产经营的意愿三方面进行具体分析。

村集体在小农户组织化获取农业生产性服务的过程中扮演了非常重要的角色，发挥了组织、统筹、协调的作用。村集体依靠其天然的组织优势，可以集中解决一家一户小农户"办不了""不好办"或"办起来不上算"的诸多事宜，在"分田到户"后，农业生产强调家庭式的分散经营，村集体在"统"的层面所发挥的作用有所弱化，但是，由于地缘和血缘的关系，村集体依旧是值得小农户信赖的利益共同体，其所发挥的统筹协调作用正是农业生产中"统分结合"的重要方式。因此，村集体对小农户组织化获取农业生产性服务的决策行为可能会产生不同程度的影响，本书选取村集体在组织建设及发展方面的带动作用和小农户对村集体的信任程度两个指标进行进一步的讨论。

5.1.1　家庭主事者特征

1. 年龄

我国封建制度延续了两千多年，农民对于土地的依赖性很强，而且我国现阶段仍处于社会主义发展的初级阶段，农民尚未建立起耕地的高效和可持续利用的意识，部分农民仍将土地视为生存的基础和生活的保障。相比于年轻人思想灵活、可以更快地接受新鲜事物等特点，家庭主事者的年龄越大，受传统思想影响的程度越深，耕种土地的意愿就越根深蒂固，加入组织来获取农业生产性服务的意愿越弱。但是随着年龄的增大，尤其是七十岁以上的农民，由于体力和健康的原因，出现了无力耕种的情况，其子女在城镇中生活，无心继续从事农业生产活动，因此，这部分老龄农民没有意愿继续在农业生产环节中投入任何精力，倾向于将农业生产活动托付给村级组织统一管理。因此，从总体上来讲，家庭主事者年龄越大，加入组织获取农业生产性服务的意愿越不强烈；但是仍然有部分年龄较大的农民具有意愿从事简单的农业生产活动，如病虫害的防治、服务的监督等，因其体力和精力有限，大部分农业生产环节还需通过向外部获取农业生产性服务的方式来完成，因此，他们更倾向于选择村级代理托管的组织化模式。

2. 特殊工作经历

本书的特殊工作经历指家庭主事者具有教师的从业经历，一般而言，教师工作经历可以帮助其开阔视野，提升自我学习和解决问题的能力，易于接受新鲜事物。在组织化获取农业生产性服务的过程中，飞防作业、测土配方等先进技术的应用，在农业生产中注入了现代化、科学化的生产经营元素，追求农业生产效率的不断改进和农业的可持续发展。在农药、化肥等农资的施用方面追求科学化、环保化而不是过量化的投入，在农业产出方面追求投入与产出的最优化，而不仅仅是产量的最大化。家庭主事者若具有教师的从业经历，能够更好地站在大局及长远的角度看待组织化获取农业生产性服务这一新型农业经营方式，在农业生产中，更为注重科学化的农业生产和投入产出关系，以期不断改善农业生产效率，并实现农业的绿色、健康发展。因此，小农户家庭主事者具有教师的从业经历有利于小农户家庭选择组织化的方式来获取农业生产性服务。

3. 非农工作经历

农民的非农就业历程也是"干中学"的过程，非农工作经历不仅可以丰富农民的工作经验、加速其知识结构的更新升级，还可以开阔其眼界（Galor & Stark，1990），转变对农业规模经营的认识和理解，促进先进技术的应用和农业经营方式的转变（Ma，2001）。对于出生和成长于农村的劳动者来说，非农工作经历在很大程度上增强了农村劳动者的思维能力，促进了其观念的更迭，并在非农工作的过程中积累了更多的工作技能和经验（石智雷和王佳，2013）。其生存和基本生活并不依赖于农业生产经营，具备了在非农产业获取稳定收入的能力，且一般情况下非农行业的收入要远高于农业收入，为了增加家庭总收入，小农户的家庭主事者倾向于在非农领域就业，造成了农业生产中劳动力不足的情况。组织化获取农业生产性服务的方式可以较好地松解农村劳动力在农业生产中的束缚，有效缓解了因农村地区劳动力不足而带来的"谁来种地，怎样种地"的现实问题。因而，小农户的家庭主事者具有非农工作经历有利于其加入组织来获取农业生产性服务。此外，非农工作经历有助于家庭主事者冲破固有的地缘和血缘的限制，为了获取生产生活中更多的资源和更丰厚的收入（张鑫等，2015），其工作迁移半径随着时间的推移而逐步扩大，由村庄周边到附近的城镇再到东部沿海的经济发达地区。因此，家庭主事者的非农工作经历时间越长，小农户家庭会更倾向通过组织化的方式来获取农业生产性服务。

4. 是否购买商业养老保险

随着家庭承包经营制度的实行，农民拥有了土地的承包经营权，而土地可以承担包括养老在内的各种保障，因此我国设立了城乡之间不同的养老制度。农村地区的养老保险体系尚不完善，部分农村地区老人的养老方式仍过度依赖土地（赵光和李放，2014）。土地因空间上的固定属性以及价值上的保值甚至增值的属性，使其所担负的社会保障功能远远超出了农业生产功能（王克强和蒋振声，2000），对于农民而言土地在就业、养老等生活保障方面所发挥的价值是农业生产价值的 4 倍（王克强，2005）。我国农村地区主要养老方式为土地养老和家庭养老，"以地养老"和"养儿防老"的传统思想观念根深蒂固（李放和赵光，2012）。一方面，土地为农户家庭提供了基本的物质生活保障；另一方面，作为子女可继承的资源，土地甚至还可以当作一种"筹码"，换得子女的赡养（姚洋，2000）。因此，为了保有基本的生活保障和养老保障，如果小农户的家庭主事者没有替代性的养老保障产品，会倾向于将土地的经营权牢牢掌握在手中，在农业生产性服务的获取过程中也更加倾向于分散化的方式，避免出现土地经营权"流失"的现象发生。如果家庭主事者购买了商业养老保险，对土地养老、家庭养老的传统养老方式具有明显的替代作用，从而削减了对土地的依赖程度，在获取农业生产性服务的过程中易于接受村集体的统筹和协调，有利于小农户选择组织化的形式来获取农业生产性服务。

5.1.2　小农户家庭因素

1. 是否在城镇购买商业住房

住房提供人类居住、生活或是工作的场所，是事关国计民生的重要问题。一方面，我国住房市场对国民经济的平稳运行的影响作用显著；另一方面，对社会的和谐与稳定发展也具有积极的正向作用。除了传统的生活起居功能外，住房还具有投资融资功能、养老保障功能、社会认同功能等（董海军和高飞，2008），构成了与经济社会发展相契合的多元功能体系。为了通勤的便利性，有一定经济实力的小农户家庭会选择在城镇购置住房，一般而言，家庭成员在城镇具有相对稳定的工作，并可以获取相对较高的非农工作收入。城镇中高质量的教育、医疗、社会保障体系吸引了小农户其他家庭成员来城镇生活，逐步脱离了农业生产和农村生活。与城镇的非农收益相比，农业生产经营的比较效益对于小农户家庭而言逐步减少，农业生产经营及其所带来的农业收入对于小农户家庭的重要程度也日益降低，即便是农忙季节，小农户的家庭劳动力也会因机会成本的原因选择在城镇继续工作而不是返乡从事农业生产活动，对农业生产作业、农业服务获取、农业服务监督、农业收入等各个方面的关注程度不断下降。小农户组织化获取农业生产性服务时，在农业生产的各个方面都不需要小农户投入较多的精力，可以节省家庭劳动力往返城乡的时间、精力等各方面的成本，因此，在城镇拥有住房的这部分小农户更倾向于将土地托付给村级组织进行统一的经营和管理。

2. 农业收入占比

农业收入指个人或生产单位因从事农业生产经营而获取的收益，本书中特指农业纯收入，即农产品价值扣除农产品生产成本的净收入。在改革开放前，从个人的角度看，农民的收入主要来源于农业生产；从国家的角度看，农业经济占经济总量的比重较高，属于传统的农业导向型国家。随着改革开放的深入发展，我国的工业体系得以不断健全，服务业呈现多样化的发展态势，已经成为经济现代化国家，农民的收入结构也会随着产业结构的变动而发生变化。产业结构的调整促进了生产要素的合理分配和配置，提高了各项生产要素的边际产出（贾晓栋，2012）。相较于农业，工业和服务业的边际产出水平更高，推动了农村劳动力由农业向工业、服务业的转移，农民收入中农业收入所占的比重越来越小，而工业和服务业的收入比重不断提升，逐步成为小农户家庭的主要收入来源。然而，对于一部分小农户而言，农业收入仍具有重要作用，其占小农户家庭总收入的比重越高，说明农业生产经营对小农户家庭就越重要，小农户对农业生产经营的重视程度也就越高。为了提高生活质量和幸福指数，小农户尽可能提高家庭收入，如果农业收入占家庭总收入的比重越高，小农户在农业生产中花费的时间与精力会随之提升，对农业增产与增收也会格外重视，倾向于将农业生产的各个环节把控在自己手中，部分自身无力完成的劳动强度较大的农业生产环节（如耕地、收获等）需向外部购买农机服务，在此过程中，小农户也要亲自监督，以保证农业作业质量。因此，农业收入占家庭总收入比重越高的小农户，选择加入组织获取农业生产性服务的意愿就越低。

3. 是否具有从事农业生产经营的意愿

20世纪70年代末期，我国农村地区的经营管理体制进行了一项重要改革，随着家庭联产承包责任制的实施，农业生产最基本的经营单位由生产队变为小农户，经营单位的数量由450多万个扩充至2亿多户（苏星，2007）。因家庭分户的持续进行，小农户的数量也随之不断增加，截至2016年底，我国小农户的数量为2.6亿户，占农户总数的比例超过九成，预计到2030年小农户数量约为1.7亿户，2050年仍有1亿户左右（屈冬玉，2017）。由此可见，小农户的大量且长期存在是我国目前及今后一段时期内的基本农情。随着我国工业化和城镇化进程的加快，越来越多小农户中的家庭青壮年劳动力走出了农村，加速了劳动力要素在城乡之间及产业之间的流动，使得小农户之间在劳动力转移程度、市场参与水平、收入结构等各方面产生了差异，日积月累，这种差异性促使了小农户逐渐发生分化。小农户间的分化直接表现在兼业农户和非农户的比重不断上升，而纯农户的比重持续下降（李宪宝和高强，2013），造成了其在价值认知、对农业的依赖程度、产权偏好等方面的区别，进而出现了农业生产经营行为的差异（刘同山和牛立腾，2014）。越来越多的小农户举家迁至城镇中工作与生活，摆脱了农业和农村的束缚，非农收入占家庭总收入的比重较高，农业生产经营意愿显著降低，其更倾向于通过组织化的方式获取农业生产性服务，在最大限度上节省劳动力的投入。但是也有一部分农民，尤其是年龄较大的农民，仍保有"恋土""恋农"情节，他们对农业生产仍保持极大的热情，将其视为生活中的一个重要部分，这部分小农户希望自身从事一定的农业生产工作，拥有农业生产经营活动的绝对掌控权，因此，他们也更希望独立获取农业生产性服务而非以组织化的形式来获取。

5.1.3　村集体因素

1. 村集体在组织建设及发展方面的带动作用

"统分结合"是现阶段我国农村集体经济的基本经营方式，包产到户以来集体经济由"集体所有、统一经营"的生产经营格局逐步向集体统一经营和小农户家庭分散经营的双层经营体制转变。近年来，为了保障小农户的各项权益，农业生产经营中"分"的层面得到不断强化，而村集体仍然具备"统"的传统和职能，是一个集"政治、社会、经济"三方面为一体的混合型基层组织（张晓山，2016）。正因为村集体在我国农业农村发展过程中所处的特殊地位，所承担的多元职能，以及所发挥的多样化作用（程久苗，2020），使其在组织的建设及带动小农户组织化发展的进程中起到了积极的引领与带动作用。从组织小农户的角度而言，村集体应是动员能力最强的主体：一方面，村集体中的村干部均为本村工作人员，与村民有天然的地缘甚至血缘关系，且在生产生活中有着紧密的联系；另一方面，本村的村干部都由村民投票选举产生，村民们会选择本村中威信较高的人员当选。村集体依靠与村民的亲密关系及建立起来的威信力，可以很好地带动小农户加入村级合作组织来统一获取农业生产性服务。如果村集体注重农业生产的转型发展，重视小农户与农业生产现代化的有机融合，强调村级组织的建设，并充分发挥统筹协调作用来带动小农户加入组织，小农户选择组织化获取农业生产性服务的意愿就越强烈。

2. 小农户对村集体的信任程度

人类社会中相互之间的信任关系是影响人们思想判断和行为决策的一个重要因素，信任可分为一般信任和特殊信任（Glanville & Paxton，2007）。一般信任通常以共同认知为基础，在综合考虑成本、效益与风险损失等各方面因素后，作出理性的经验判断，而特殊信任的基础为情感的紧密程度与相互之间的熟悉程度（郑也夫，1993），通常存在于关系良好的朋友、走动密切的亲戚等熟人之间（蒲丽娟，2020）。一般信任是现代社会分工细化、人口多向流动后的基本信任结构，由于人类感情需求的存在，伴有强烈感情色彩的特殊信任也是社会中信任结构的重要组成部分，一般信任无法替代特殊信任，二者互为补充，各尽其能（郑也夫，1993）。信任是人们在现代化市场经济体系下进行交易的一个基本前提（洪名勇和龚丽娟，2015），为未来要发生的交易提供较为稳定的心理预期，减少了对因信息不对称而形成的交易成本。村集体在村落中与本村的村民具有天然的血缘及地缘关系，其主导的组织化获取农业生产性服务兼顾人情与利益，小农户在进行行为决策时（是否组织化获取农业生产性服务），可对一般信任和特殊信任进行综合考量，如果小农户对村集体的信任程度越高，相信其组织建设的能力，以及组织化的方式可以获取质高、价优的农业生产性服务，则会促进小农户组织化获取农业生产性服务的进程。

5.2 实证模型与变量说明

5.2.1 实证模型

在现实生活中，经常会遇到因变量"非是即否"的情况，在进行回归分析时，对于此类非连续的数值型变量不能采用普通最小二乘法（OLS），通常采用 Logistic 回归分析法探究概率发生事件（尚雨，2012）。Logistic 模型是逻辑概率分布函数，也可以称其为增长函数，被解释变量为二分变量时，采用此模型可以较好地分析与探究个体的决策行为。

如果某个事件在 x_1，x_2，$\cdots$，x_n 的共同影响下，其发生的概率为 p，则其不发生的概率就为 $(1-p)$，此事件发生概率 p 与不发生概率 $(1-p)$ 的比值被称为"优势比"（odds），此比值即 Logistic 模型中的被解释变量。

小农户是否选择加入组织来获取农业生产性服务的行为可分为两个方面：一是选择加入组织获取农业生产性服务；二是不选择加入组织获取农业生产性服务，属于典型的定性二分变量。据此，本书选用 Logistic 模型对小农户是否选择组织化获取农业生产性服务的决策行为进行回归分析，模型设定为

$$\text{prob}(y=1) = p = \frac{\beta_0 + \sum_{i=1}^{9}\beta_i x_i}{1 + \exp(\beta_0 + \sum_{i=1}^{9}\beta_i x_i)}$$
$$= \frac{1}{1 + \exp[-(\beta_0 + \sum_{i=1}^{9}\beta_i x_i)]} \tag{5.1}$$

其中，y 为因变量，小农户选择加入组织获取农业生产性服务则赋值为 1，否则赋值为 0；p 为小农户选择加入组织获取农业生产性服务的概率；x_i 为前文中所提出的三类 9 个解释变量；β_i 为对应的解释变量系数；β_0 为常数项。

在进行 Logistic 回归时，通常要对 p 进行 Logit 变换，即

$$\frac{p}{1-p} = \exp(\beta_0 + \sum_{i=1}^{9}\beta_i x_i) \tag{5.2}$$

对式（5.2）两边同时取对数，得到最终的回归模型为

$$y = \ln\left(\frac{p}{1-p}\right) = \beta_0 + \sum_{i=1}^{9}\beta_i x_i \tag{5.3}$$

5.2.2　变量说明及模型检验

1. 变量说明

依据研究假设（理论分析）与模型说明，设定小农户是否选择组织化

获取农业生产性服务这一变量为因变量。小农户选择组织化获取农业生产性服务指在村集体的主导下，小农户与村集体通过缔结正式契约的方式，构建合作关系，统一与外部市场对接，获取农业生产性服务（即小农户通过组织化的形式来统一获取农业生产性服务）。组织化获取农业生产性服务时，在村集体协调下，小农户在农业生产的各个环节（耕、种、管、收等）达成一致，实行统一的农业生产经营方式，且在农业生产的各个环节均通过对外购买农业生产性服务的方式来完成。与之相对应，小农户分散化获取农业生产性服务时，从农资购买到田间管理，再到最后的农产品销售，农业生产的各个环节均由自身做独立的决策，一般而言，在整地、收割等劳动强度较大的生产环节，小农户都选择了向外部获取农业生产性服务的方式来完成作业（但获取的形式是分散、细碎的），而在病虫害防治、施肥、晾晒谷物等方面大部分小农户仍由自身的劳动力完成。

家庭主事者特征（年龄、特殊工作经历、非农工作经历、是否购买商业养老保险）、小农户家庭因素（是否在城镇购买商业住房、农业收入占比、是否具有从事农业生产经营的意愿）、村集体因素（村集体在组织建设及发展方面的带动作用、小农户对村集体的信任程度）为解释变量。变量的含义与描述性统计分析见表5-1。

表5-1　　　　　　　　　　变量定义及描述性统计

变量		变量定义	全样本	分散化获取农业生产性服务	组织化获取农业生产性服务	村级代理托管	土地入社托管
因变量							
组织化获取农业生产性服务		小农户是否组织化获取农业生产性服务，否=0，是=1	0.46	0	1	1	1
自变量							
1.家庭主事者特征	年龄	周岁	58.25	58.80	57.59	55.20	59.92
	特殊工作经历	否=0，是=1	0.14	0.10	0.18	0.13	0.22
	非农工作经历	年	13.08	11.97	14.39	13.36	15.40
	是否购买商业养老保险	否=0，是=1	0.21	0.18	0.25	0.21	0.28

续表

变量	变量定义	全样本	分散化获取农业生产性服务	组织化获取农业生产性服务	村级代理托管	土地入社托管
2. 小农户家庭因素	是否在城镇购买商业住房 否=0，是=1	0.14	0.13	0.15	0.13	0.17
	农业收入占比 农业纯收入占家庭总收入的比值	0.07	0.09	0.05	0.08	0.03
	是否具有从事农业生产经营的意愿 否=0，是=1	0.37	0.60	0.10	0.12	0.08
3. 村集体因素	村集体在组织建设及发展方面的带动作用 效果不佳=1，效果欠佳=2，一般=3，效果良好=4，效果非常好=5	3.61	2.94	4.41	4.46	4.36
	小农户对村集体的信任程度 不信任=1，较不信任=2，一般=3，信任=4，非常信任=5	4.09	3.96	4.24	4.29	4.19

2. 模型检验

拟合优度检验是 Logistic 模型常用的检验方法，指回归方程能够解释变量变差的程度。如果设定的回归方程可以解释因变量的较大部分变差，说明拟合优度较高，反之则说明拟合优度低。或者可以根据模型得到的预测结果与实际情况的接近程度来说明模型拟合是否较好，如果接近程度不够高则回归方程的拟合效果较差。而拟合检验的方法通常是 Pearson 卡方统计量检验，该统计量通常用在多维表中检验观测频数与预测频数之间的差异。由表 5-2 可知，无论是在总体上还是不同模式下的回归方程中，Prob > chi2 的值均为 0.000，通过了显著性检验，表明模型的拟合度较好。

表 5 - 2　　　　　　　　　　　　Logistic 模型回归结果

	变量	全样本	村级代理托管	土地入社托管
1. 家庭主事者特征	年龄	-0.008 (0.020)	-0.054** (0.025)	0.041 (0.026)
	特殊工作经历	0.148 (0.494)	0.075 (0.631)	0.230 (0.583)
	非农工作经历	0.018 (0.019)	0.024 (0.024)	0.012 (0.022)
	是否购买商业养老保险	0.479 (0.467)	0.128 (0.548)	1.007 (0.614)
2. 小农户家庭因素	是否在城镇购买商业住房	0.174 (0.478)	0.245 (0.599)	0.145 (0.590)
	农业收入占比	-8.233*** (2.746)	-2.580 (2.680)	-20.577*** (6.184)
	是否有从事农业生产经营的意愿	-2.559*** (0.441)	-2.114*** (0.504)	-2.975*** (0.637)
3. 村集体因素	村集体在组织建设及发展方面的带动作用	2.446*** (0.284)	2.404*** (0.326)	2.418*** (0.369)
	对村集体的信任程度	0.379 (0.289)	0.539 (0.345)	0.173 (0.354)
	常数项	-9.338*** (1.888)	-8.390*** (2.237)	-11.454*** (2.539)
	对数似然值	-104.529	-74.324	-66.729
	Prob > chi2	0.000	0.000	0.000
	观测值	372	286	288

注：*、**、*** 表示在 10%、5%、1% 的显著水平上显著。括号内数值为标准误。

5.3 影响因素实证结果分析

以博兴县的农户调研数据为基础，按照模型的设定形式，对小农户组织化获取农业生产性服务的影响因素进行实证检验，结果如表 5 - 2 所示。

5.3.1 家庭主事者特征

1. 年龄

在被调研的样本小农户中，家庭主事者的平均年龄达到58.25岁，随着农村青壮年劳动力的非农转移，农村地区人口老龄化的问题日益严重。分散化获取农业生产性服务的小农户的家庭主事者平均年龄为58.80岁，高于组织化获取农业生产性服务的小农户的家庭主事者平均年龄（57.59岁）。从不同组织化模式的角度来看，村级代理托管与土地入社托管模式出现了较大的差异，村级代理托管模式中，家庭主事者的平均年龄为55.2岁，明显低于全样本的平均值和组织化获取农业生产性服务总体的平均值，而在土地入社托管模式中，家庭主事者的平均年龄为59.92岁，不仅高于土地入社托管模式中小农户家庭主事者的平均年龄，还高于全样本的平均值和组织化获取农业生产性服务总体的平均值。

实证结果表明，在总体上，小农户家庭主事者年龄越大，越倾向于分散获取农业生产性服务，即以分散化的形式独立购买农业生产性服务。但在不同的组织化模式下，影响方向不同，村级代理托管模式下，与总体影响方向一致，小农户家庭主事者年龄负向影响小农户加入组织获取农业生产性服务的行为决策，且在5%的显著水平上显著；而在土地入社托管模式下，小农户家庭主事者年龄正向影响小农户加入组织获取农业生产性服务的行为决策。可能的原因是，家庭主事者年龄越大，其"恋农""恋土"情节越浓厚，越倾向于保有土地经营管理权，因此，选择村级代理托管模式既能满足他们从事部分农业生产环节的意愿，还能弥补其劳动力不足的弊端。然而，随着年龄的继续攀升，他们在农业生产经营中往往力不从心，更倾向于通过土地入社托管的方式将所有生产环节全部委托给合作社来完成。

2. 特殊工作经历

特殊工作经历指小农户家庭主事者的教师从业经历，在全样本中，有14%的小农户的家庭主事者具有教师从业的经历，组织化获取农业生产性服务的小农户家庭主事者有教师从业经历的比例为18%，其中，村级代理托管模式为13%，土地入社托管模式为22%，均高于分散化获取农业生产性服务中小农户家庭主事者具有教师从业经历的比例（10%）。

从事教师职业的人们一般素养较高，知识更新较快，易于改变传统思想观念，在农业生产经营中会更加重视生产效率的不断改进和农业的可持续发展，能够科学地认识并接纳无人机喷洒农药、测土配方施肥等先进生产手段。此外，他们对于现代化、科学化的农业生产经营方式的包容度与接受程度也越高，能够理性地认识组织化获取农业生产性服务这一农业经营方式的革新，有利于小农户家庭选择组织化的方式来获取农业生产性服务。从实证结果来看，无论是在总体样本中，还是不同的组织模式下，小农户家庭主事者具有教师的从业经历可以促进小农户加入组织获取农业生产性服务，但结果均不显著。

3. 非农工作经历

随着我国非农工作机会的增多，以及非农收入与农业收入之间差距的增大，越来越多的农民开始外出务工以获取更多的家庭收入，样本小农户的家庭主事者的平均非农工作经历达13.08年，组织化获取农业生产性服务小农户的家庭主事者平均非农工作年限明显高于分散化获取农业生产性服务小农户的家庭主事者平均非农工作年限，分别为14.39年和11.97年。在两种不同的组织化模式中，土地入社托管模式下的小农户家庭主事者的平均非农工作年限略高于村级代理托管模式下的小农户家庭主事者的平均非农工作年限，分别为15.40年和13.36年。

非农工作经历可以丰富农民的工作技能并不断积累工作经验，小农户家庭主事者为增加家庭总收入，优先在收入相对较高的非农领域就业，使得小农户在农业生产经营中可配置的劳动力资源有限，因此，小农户倾向于通过组织化的方式来获取农业生产性服务。从实证结果来看，小农户家庭主事者的非农工作经历越长，会促进小农户组织化获取农业生产性服务的决策行为，对不同组织化模式的选择也均有正向影响。

4. 是否购买商业养老保险

在我国历史传统中，土地是农民的"命根子"，是农民生活的基本保障，但随着农民在城乡之间的流动日益频繁，部分农民也开始购买商业养老保险作为自身的养老保障。在被调研的样本小农户中，有21%的小农户家庭主事者购买了商业养老保险，其中，分散化获取农业生产性服务的小农户家庭主事者购买商业养老保险的比例为18%，组织化获取农业生产性服务的小农户家庭主事者购买商业养老保险的比例为25%。在不同组织模式中，村级代理托管模式下的小农户家庭主事者购买商业养老保险的比例为21%，土地入社托管模式下的小农户家庭主事者购买商业养老保险的比例为28%。

小农户家庭主事者购买商业养老保险后，可以缓解"以地养老""养儿防老"的传统思想观念束缚，对土地经营权的重视程度和掌控力度有所减弱，有利于小农户通过组织化的方式来获取农业生产性服务。在实证检验中，小农户的家庭主事者购买商业养老保险对其组织化获取农业生产性服务有一定的促进作用，但影响效应并不显著。

5.3.2 小农户家庭因素

1. 是否在城镇购买商业住房

随着农村劳动力非农转移进程的加快，部分小农户选择在城镇工作和生活，在城镇购置了商业住房。样本小农户中，在城镇购买商业住房的比例达到了14%，组织化获取农业生产性服务和分散化获取农业生产性服务的小农户的购置比例基本相当，分别为15%和13%。在不同的组织化模式中，土地入社托管模式下的小农户在城镇购买商业住房的比例略高，达到17%；而村级代理托管模式下小农户在城镇购买商业住房的比例与平均水平相当，为13%。

一般而言，在城镇购买商业住房后，小农户家庭成员主要在城镇工作和生活，逐步脱离了农业生产活动，即使在农忙季节，为节省往返城乡之间的时间和精力，他们也很少参与农业生产经营实践，促进了其通过组织化的方式来获取农业生产性服务。从实证结果来看，无论是全样本还是不同的组织化模式，小农户在城镇购买商业住房均有利于其加入组织获取农业生产性服务，但影响效应不显著。

2. 农业收入占比

近年来，我国农业生产成本上升的速度远远超过了农业收入的增长速度，加之非农工作收入的快速增长，农业收入（本书指农业纯收入）在小农户家庭收入的占比已经大幅减少，样本小农户中，农业收入平均占比只有7%，分散化获取农业生产性服务的小农户农业收入占比为9%，高于组织化获取农业生产性服务的小农户（5%）。不同的组织模式下，土地入社托管模式中小农户农业收入占比最低，为3%；而村级代理托管模式中小农户农业收入占比略高，达到了8%。

从实证结果来看，农业收入占比对小农户组织化获取农业生产性服务的决策行为有负向影响，在1%的显著水平上显著。农业收入占比对小农户选择村级代理托管和土地入社托管的决策行为均有负向影响，对土地入社托管模式的影响在1%的显著水平上显著，而对村级代理托管模式的影响不显著。可能的原因是，在村级代理托管模式下，小农户依靠规模化的农业生产性服务获取，降低了农业生产成本，提高了粮食售价，但最终农业收入归小农户所有，因而村级代理托管模式下的小农户的农业收入较高，占家庭总收入的比例也会相应提高。因此，在实证结果中，村级代理托管模式中农业收入占比对小农户组织化获取农业生产性服务的决策行为影响并不显著。

3. 是否具有从事农业生产经营的意愿

当农民付出同样的劳动力，从事非农工作所获取的收入高于从事农业生产经营活动的收入，且二者之间的差距在不断扩大，此时，农民倾向于选择非农工作来获取更多的工作报酬，但也有部分农民因年龄限制或"恋农"情节仍然具有从事农业生产经营的意愿。在被调研的小农户中，有37%的小农户仍愿意继续从事农业生产经营活动，分散化获取农业生产性服务的小农户和组织化获取农业生产性服务的小农户在从事农业生产经营的意愿方面出现了较大的差异，分散化获取农业生产性服务的小农户中，有60%的小农户仍有意愿从事农业生产经营活动，而在组织化获取农业生产性服务的小农户中，这一比例只有10%，其中村级代理托管模式中的比例为12%，土地入社托管模式中的比例仅有8%。

虽然城镇化的深入推进加快了农村劳动力的非农转移进程，使得农村青壮年劳动力不断向非农领域迁徙，从事农业生产经营的意愿随之降低，然而，部分年龄较大且仍居住在农村的农民，受农业生产传统、农村文化传承的影响，对农业生产仍具有一定的热情，将其视为日常生活中一个重要的组成部分。因此，这部分小农户更倾向于保有土地经营管理权，以分散化的方式来获取农业生产性服务。从实证结果来看，无论是全样本小农户还是不同组织模式下的小农户，具有从事农业生产经营的意愿对小农户组织化获取农业生产性服务的决策行为有显著的负向影响，且均在1%的显著水平上显著。

5.3.3　村集体因素

1. 村集体在组织建设及发展方面的带动作用

在调研的过程中发现，部分分散化获取农业生产性服务的小农户也有组织化的意愿，但是村内没有种植合作社或相关组织来让小农户满足他们的组织化愿望。在这个影响因素中，设置了5级变量来测度小农户对本村村集体在组织建设和发展方面的带动作用效果，从效果不佳到效果非常好用数值1~5来表示。从表5-1中可以看出，样本小农户对村集体在组织建设及发展方面的带动作用效果方面的平均评分为3.61，介于一般与效果良好之间。其中，分散化获取农业生产性服务的小农户的平均评分为2.94，接近于效果一般的评价，而组织化获取农业生产性服务的小农户的平均评分达到4.41，介于效果良好和效果非常好之间，村级代理托管模式和土地入社托管模式中的小农户对此平均评分值分别为4.46和4.36，对村集体在组织建设及发展方面的带动作用均给予积极评价。另外，从表5-3中可以发现，组织化获取农业生产性服务的小农户对此评价都较高，认为村集体在组织建设及发展方面的带动作用不佳或欠佳的小农户为0，而在分散化获取农业生产性服务的小农户中，有31.68%的小农户认为本村村集体在组织建设及发展方面的带动作用不佳或欠佳。通过以上数据的对比分析发现，在组织化获取农业生产性服务发展良好的村庄，村集体在组织的建设及带动小农户加入组织获取农业生产性服务方面发挥了积极的作用，且收到良好的效果。

表5-3　　村集体在组织建设及发展方面的带动作用的描述性统计　　单位：%

效果	全样本	分散化获取农业生产性服务	组织化获取农业生产性服务	村级代理托管	土地入社托管
效果不佳	0.54	0.99	0	0	0
效果欠佳	16.67	30.69	0	0	0
一般	29.30	45.05	10.59	9.52	11.63
效果良好	27.96	19.80	37.65	34.52	40.70
效果非常好	25.54	3.47	51.76	55.95	47.67

注：由于四舍五入，表中各项百分比之和不总等于100%，下同。

作为农地"统分结合"双层经营之"统"的主体，村集体依靠其地缘、血缘、亲缘关系的优势，在村落范围内具有一定的组织协调基础，如果村集体在组织的建设及发展方面的带动作用良好，可有效整合小农户的土地资源要素和农业服务需求，统筹规划和完善农业基础设施建设，从而极大地促进了小农户通过组织化的方式来获取农业生产性服务。实证结果也验证了这一点，无论是全样本还是不同的组织化模式，村集体在组织建设及发展方面的带动作用效果越好，小农户采取组织化获取农业生产性服务的可能性越高，且均在1%的显著水平上显著。

2. 小农户对村集体的信任程度

与"村集体在组织建设及发展方面的带动作用"这一影响因素相同，小农户对村集体的信任程度从不信任到非常信任也设置了5级变量，依次用数值1~5来表示，总体来看，小农户对村集体信任程度的平均数值达到了4.09，表示小农户对村集体是信任的。组织化获取农业生产性服务的小农户对村集体的信任程度均值为4.24，高于分散化获取农业生产性服务的小农户对村集体的信任程度均值。村级代理托管模式中的小农户对村集体的信任程度略高于土地入社托管模式，分别为4.29与4.19。从表5-4可以看出，无论是组织化还是分散化，无论是村级代理托管模式还是土地入社托管模式，小农户对村集体均没有绝对的不信任，且大多数小农户对村集体比较信任。

表 5-4　　　　　　　小农户对村集体信任程度的描述性统计　　　　单位:%

信任度	全样本	分散化获取农业生产性服务	组织化获取农业生产性服务	村级代理托管	土地入社托管
不信任	0	0	0	0	0
较不信任	1.34	1.98	0.59	1.19	0
一般	13.44	18.81	7.06	3.57	10.47
信任	60.48	60.40	60.59	60.71	60.47
非常信任	24.73	18.81	31.76	34.52	29.07

　　从实证结果来看，小农户对村集体的信任程度越高，越有可能加入组织获取农业生产性服务，对村级代理托管模式和土地入社托管模式的影响也与总体样本保持一致，但均不显著。可能的原因是，村集体工作人员与本村村民生活在一个村落，彼此相互熟悉，且是经过本村村民选举产生，具有一定的威信力，小农户对村集体的信任程度普遍较高，因此，小农户对村集体的信任程度对其组织化获取农业生产性服务的决策行为并无显著影响。

　　由上述分析可知，在家庭主事者特征中，年龄对小农户通过村级代理托管的组织化模式获取农业生产性服务有显著的负向影响，在5%的显著水平上显著。在小农户家庭因素中，农业收入占比在总体上以及土地入社托管模式中对小农户组织化获取农业生产性服务具有显著的抑制作用，且均在1%的显著水平上显著；从事农业生产经营的意愿无论是从总体上还是两种不同的组织模式中对小农户组织化获取农业生产性服务都具有显著的负向影响，影响程度均在1%的显著水平上显著。在村集体因素中，村集体在组织建设及发展方面的带动作用显著促进了小农户通过组织化的方式获取农业生产性服务，对总体、村级代理托管模式、土地入社托管模式的促进作用都在1%的显著水平上显著。

5.4　本章小结

　　在对小农户组织化获取农业生产性服务的演进逻辑及小农户组织化获

取农业生产性服务的具体实践情况进行梳理和总结的基础上，本章进一步对影响小农户选择组织化获取农业生产性服务决策行为的因素进行实证分析，从家庭主事者特征（年龄、特殊工作经历、非农工作经历、商业养老保险）、小农户家庭因素（城镇购买商业住房、农业收入占比）、村集体因素（村集体在组织建设及发展方面的带动作用、小农户对村集体的信任程度）三个大的方面对小农户组织化获取农业生产性服务的影响因素进行了理论分析，并进一步使用 Logistic 模型实证考察了上述因素对小农户组织化获取农业生产性服务的影响效应。

研究结果发现：（1）从整体的角度来看，在影响小农户组织化获取农业生产性服务的因素中，小农户家庭主事者的非农工作经历，以及村集体在组织建设及发展方面的带动作用对小农户加入组织获取农业生产性服务具有显著的促进作用；而小农户家庭农业收入占比，从事农业生产经营的意愿对小农户加入组织获取农业生产性服务具有显著的抑制作用。（2）在村级代理托管模式中，村集体在组织建设及发展方面的带动作用对小农户加入组织获取农业生产性服务有显著的促进作用；家庭主事者年龄及小农户具有从事农业生产经营的意愿对小农户加入组织获取农业生产性服务有显著的抑制作用。（3）在土地入社托管模式中，村集体在组织建设及发展方面的带动作用对小农户加入组织获取农业生产性服务有显著的促进作用；小农户家庭农业收入占比，从事农业生产经营的意愿对小农户加入组织获取农业生产性服务有显著的抑制作用。

第6章

小农户组织化获取农业生产性
服务对其收入的影响

农村居民的收入分配和收入差距一直是社会关注的热点话题之一，当前我国农村地区老龄化现象越来越严重，加之农村劳动力非农转移进程的加剧，农民增收成为了社会各界广泛关注的议题（邱海兰和唐超，2019；陈宏伟和穆月英，2019）。在农业生产成本不断提升、农村劳动力不断转移的农业经营现状下，通过农业生产性服务的方式来带动农民增收是提升农业综合效益和竞争力，进而扩展农民增收的渠道（张荐华和高军，2019），既是家庭承包经营制度下农民增收的可行路径（钟甫宁，2016；黄慧芬，2011），也是我国乡村振兴战略的重要内容。

在小农户经营仍将长期存在的国情和农情下（徐旭初，2018），小农户如何获取农业生产性服务？如何实现与现代化农业生产的准确有效对接？这些问题得到了学者们的广泛关注，村集体主导下的小农户组织化方式被认为是适合当代农业发展境况的重要抓手（潘璐，2021；钟丽娜等，2021；陈航英，2019）。那么小农户通过组织化的方式获取农业生产性服务对小农户家庭收入及小农户之间的收入差距有何影响？其内在的机理与逻辑关系如何？对这些问题的厘清有利于带动小农户家庭收入水平的提高，从而为减少小农户间的贫富差距、缩小城乡居民收入提供新的实践方法和研究证据，为实现乡村振兴提战略提供理论依据。

为此，本章以农民收入为切入点，在理论分析的基础上，根据博兴县的农户调研数据，首先，运用倾向值得分匹配法（propensity score matching，PSM），从农业纯收入、非农收入以及家庭人均总收入这三个方面来分析小农户组织化获取农业生产性服务对其的影响，并对不同组织模式的影响效应分别进行实证检验。其次，运用基于回归的夏普里值分解法（Shapley value decomposition），以小农户家庭人均总收入为代表，实证分析小农户组织化获取农业生产性服务对农民收入差距的影响程度。

6.1 理论分析与研究假说

作为实现农业现代化的重要途径之一，农业生产性服务近年来受到了学者们的广泛关注，其对农民收入水平的促进作用得到了普遍的认可（郝爱民，2011；陈军民，2013；张世花，2019）。小农户组织化获取农业生产性服务的形式对农民收入水平和收入差距有何影响？本书将在理论上进行具体分析并提出研究假说。第一，在农业纯收入方面，将村级代理托管模式和土地入社托管模式中的小农户分别与分散化获取农业生产性服务的小农户进行对比；第二，在非农收入和人均总收入方面，首先就组织化获取农业生产性服务的小农户总体与分散化获取农业生产性服务的小农户进行对比分析；其次，分别从村级代理托管模式和土地入社托管模式的角度与分散化获取农业生产性服务的小农户进行比较分析；最后，在收入差距方面，以小农户家庭人均总收入为例，探究组织化获取农业生产性服务的小农户与分散化获取农业生产性服务的小农户之间的收入差距情况。

6.1.1 小农户组织化获取农业生产性服务与农业纯收入

分工被视为经济增长的源泉（斯密，1997）。农业技术的不断进步和市场规模的不断扩大，带动了农业分工的日益深化，在此过程中，随着交易种类及交易规模的增加，交易成本会不断上升（郝爱民，2013）。当分散化获取农业生产性服务时，小农户在农资购买、农机服务获取、农产品销售等各个环节均需要与相关主体进行交易，增加了信息搜寻费用、谈判议价费用、生产监督费用等方面的交易成本。而在组织化获取农业生产性服务的过程中，村级代理托管模式下，小农户只需要与村级组织进行一次交易，来确定农业生产性服务的环节和价格；土地入社托管模式下，小农户只需要与村级组织就入社面积以及最后收益的形式及收益的多少进行协商。村级组织在与小农户协商完成后，统一与农业服务主体对接，大幅减少了交易频率，在服务质量的监督方面，村级组织也会安排专门的人员执行相关方面的管理工作。在村集体的组织协调下，组织化后，小农户的农业生产性服务需求在规模上得以扩充，村集体这一正式组织的介入，增加了小农户组织化获取农业生产性服务的可靠性，农业服务主体为了保持与"大客户"的良好关系，从而获取稳定的服务收入，会不断提升服务质量以使小农户满意，这也在一定程度上避免了违约现象的发生，对议价成本、违约成本等的降低都有一定的促进作用。综上所述，相较于分散化获取农业生产性服务，小农户通过组织化的方式获取农业生产性服务可以降低搜寻、议价、监督、违约等各方面的交易成本。

另一方面，小农户在组织化获取农业生产性服务的过程中，其规模化的服务需求促进了农业规模经营发展，规模效益在一定程度上降低了农业生产成本，提高了农产品售价，而此会变相地表现为农户收入的增加（王玉斌和李乾，2019）。从农业生产成本的角度来看，小农户组织化后规模化的农业生产性服务需求提高了其议价能力，农业生产资料的购入和农机服务的获取费用均得以降低；从农产品售出的角度来看，大规模的农产品销售可以使得组织化后的小农户获得卖方优势地位，在价格谈判、销售时点方面掌握更多的主动权，提高农产品的售价。

在村级代理托管模式下，因最终的农业收益全部归小农户所有，小农户在组织化获取农业生产性服务的过程中可以享受生产成本、交易成本降低，农产品售价提高所带来的红利，从而有助于其农业纯收入的增加。而在土地入社托管模式中，合作社所获取的农业收入可以分为四个部分：一是小农户的保底收入，二是合作社经营管理者的工资，三是合作社的发展资金（若有盈余时），四是小农户的分红收入（若有盈余时）。小农户在农业生产经营中不需要承担任何风险即能获取"保底"收入，即便在合作社的农业经营收入有盈余时，小农户可以分得"分红"收益，但是此部分收入相对不稳定且份额较小，不足以调动小农户投入劳动力去对农业生产进行监督，以及田间管理的补充作业。由于农业生产尤其是粮食作物生产的利润率极低，农业利润并不会因经营方式的转变而发生太大的变化，加之小农户仅可获取上述的一部分或两部分收入，因此相较于未加入组织的小农户，土地入社托管模式中小农户的农业纯收入相对较低。根据调研情况发现，2018 年，土地入社托管模式中小农户每亩的农业纯收入为 500～600 元，而未加入组织的小农户每亩的平均农业纯收入为 811.23 元。两种组织模式在理论上对小农户农业纯收入的影响效果相反，因此，简单叠加后（作为组织化总体）与分散化小农户进行对比并无实质意义。

据此，提出假说 6.1：村级代理托管模式对小农户的农业纯收入有正向影响，土地入社托管模式则相反。

6.1.2　小农户组织化获取农业生产性服务与非农收入

从要素供给的视角来看，农业生产性服务中机械服务加速了劳动力被资本替代的进程（Liu et al.，2014；Wang et al.，2016），在劳动力成本高于机械成本的现实农情下，这种要素替代有利于农业生产成本的降低。同时，农业生产性服务的劳动替代效应促使人口红利进一步释放，减弱农业生产的季节性对农业劳动力流动的约束，加快劳动力转移，农民的非农收入得以增加（李谷成等，2018；Benin，2015）。尤其对于兼业小农户而言，在农业生产环节获取农业生产性服务，缓解了农业生产对他们的束缚，增加了劳动力的非农工作时间，使得小农户的非农收入得到提高（刘超等，2018）。

小农户组织化获取农业生产性服务时，无论是村级代理托管模式还是土地入社托管模式，大规模的服务面积降低了技术应用的平均成本，有利于先进技术的应用，如飞防作业和测土配方技术。而分散化获取农业生产性服务的小农户，所需服务环节集中在耕地、播种、收割等劳动强度较大的环节，而施肥和打药等环节仍由小农户自身投入一定的劳动力完成。因此，小农户组织化获取农业生产性服务可以节省劳动力的投入，有利于进一步促进农村劳动力的非农转移，农民的非农收入得到提高。

据此，提出假说6.2：小农户组织化获取农业生产性服务促进小农户非农收入的提升，村级代理托管模式和土地入社托管模式均对小农户非农收入具有正向影响。

6.1.3　小农户组织化获取农业生产性服务与人均总收入

我国人口基数大、人口众多，在现今及未来相当长的一段时期内，紧张的人地关系状态会一直存续，如果单纯依靠劳动力从事农业生产经营来解决其就业问题，与我国的发展趋势相悖，发展空间会越来越狭窄。而且，科学技术的进步大力推进了生产力的发展，劳动生产率也得以显著提升，单位土地上所容纳劳动力的数量也会逐步减少，相较于二、三产业，农业创造就业的能力越来越弱。

从农产品的国际大环境来看，其价格受世界相关组织的保护，维持在一个稳定的水平上，从我国的市场环境来看，农产品的供给大于需求，农产品的价格不仅难以得到进一步的提升，还有可能因农产品进口而导致价格下降（王孝松和谢申祥，2012）。较低的劳动力比较成本使我国在国际市场中保持一定的竞争实力，而农产品及食品的价格是影响劳动力成本的一项重要因素，农产品价格的提高势必造成劳动力成本的提升，从而影响我国的国际竞争力。此外，保持农产品价格稳定有利于农业劳动力的非农转移，如果农产品价格持续攀升，农民为了获取更多的农业收益，可能会造成劳动力滞留在农村，分散地从事农业生产活动，不利于农业的现代化进程和城镇化的持续推进。因此，依靠传统农业增加小农户收入的空间十分有限（杨世芳等，2001）。

由此可知，小农户家庭人均总收入的增加主要是依赖于非农收入的增长，因此，小农户组织化获取农业生产性服务对家庭人均总收入的影响效应与非农收入保持一致。

因而，提出假说6.3：小农户组织化获取农业生产性服务促进了小农户家庭人均总收入的提升，村级代理托管模式和土地入社托管模式均对小农户家庭人均总收入具有正向影响。

6.1.4　小农户组织化获取农业生产性服务与收入差距

我国农村地区农户之间的收入差距呈逐步扩大的趋势。根据《中国住户年鉴》的统计数据，从纵向的角度来看，我国的高收入农户（前20%，下同）在2000~2019年，家庭人均纯收入增长了4.32倍（此处指不变价格，下同）；而在相同时期，低收入农户（后20%，下同）的家庭人均纯收入增长相对缓慢，只增长了3.31倍。从横向的角度来看，2000年，高收入农户的家庭人均纯收入大约是低收入农户的6.47倍，而这一差距在2019年已经拉大到了8.46倍。另外，根据《中国农村家庭发展报告（2018）》所公布的基尼系数可以发现，我国农村地区农民收入差距不断扩大，2011年时基尼系数为0.450，而在2017年时，基尼系数已经涨至0.535（史常亮，2020）。基尼系数是国际社会上用来评价一个国家或者地区居民收入差距的通用指标，其数值在0.3~0.4被认为是比较合理的状态，在0.4~0.5被认为是收入差距过大，而高于0.5时则被看作收入差距悬殊，0.4被国际社会公认为是基尼系数的警戒线。从我国农村地区基尼系数的增长趋势来看，已经远超出警戒线的水平，农户之间悬殊的收入差距应当引起社会各界的重视。贫富差距的不断加剧不仅会造成农村地区的贫困发生率居高不下，农民增收困难，社会不安定因素增加，同时还可能造成高经济增长背景下农民福利逐渐降低的情况，对经济社会的进一步发展产生不良的影响。组织化获取农业生产性服务对于小农户之间的收入差距的影响作用是加剧还是缓解呢？

首先，与分散化获取农业生产性服务的小农户相比，组织化的方式可以促进小农户家庭资源的合理配置，尤其是劳动力资源的配置。小农户组织化获取农业生产性服务时，在更多的生产环节实现了机械对传统劳动力的替代，释放了更多的家庭劳动力，使其转移至非农部门，获取更多的非农收入。务工者除了将此部分收入用于在城镇的居住、饮食等生活开销外，还会有所剩余，一般而言务工者将剩余部分的收入转至农村家庭中，视为家庭总收入的一部分。农村劳动力的非农就业是造成农户之间收入差距拉大的主要原因。

其次，小农户组织化获取农业生产性服务时，农业技术成果转化及应用程度得到提高。农业生产技术的不断进步与发展对农业生产效率的提升，农民收入的提高具有积极的促进作用，但前提是农业生产技术得以较好的在农业生产中得到转化和应用。小农户组织化获取农业生产性服务时，统一且大规模的服务需求降低了技术的平均应用成本，诱致了农业技术的扩散，促进了小农户对新技术的采纳程度，并推动了小农户农业生产现代化的进程，农业技术成果的转化与应用范围更广、程度更深。因此，小农户组织化获取农业生产性服务使得小农户能够以较低的成本获取技术含量较高的服务，促进了农业经营效益的提升，从而带动了农业收入的增加，扩大了小农户间的收入差距。

由此，提出假说6.4：小农户组织化获取农业生产性服务加剧了小农户之间（组织化与分散化）的收入差距。

图6-1为本书对小农户组织化获取农业生产性服务对其收入影响的路径分析。

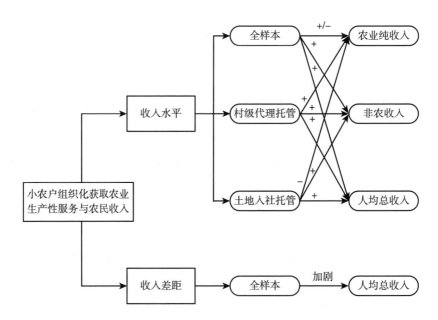

图6-1 小农户组织化获取农业生产性服务对其收入影响的路径分析

6.2 模型设定与变量分析

6.2.1 模型设定

1. 倾向值得分匹配（PSM）

由于是否加入组织以获取农业生产性服务是小农户自己决定的，存在样本选择偏差，如果对方程进行直接估计，易导致结果有偏。通过反事实框架的构建，倾向值得分匹配法可以最大限度地减少估计结果的偏差（Mendola，2007；Becerril & Abdulai，2010；陈飞和翟伟娟，2015；冒佩华和徐骥，2015），使样本数据在最大程度上与随机实验数据相类似，从而更准确地估计小农户组织化获取农业生产性服务的收入效应。

本书运用 PSM "反事实" 解决方法的基本思路如下：第一，把样本分成实验组（加入组织获取农业生产性服务的小农户）[①] 和控制组（未加入组织获取农业生产性服务的小农户）；第二，依据 Logit 模型得出实验组和控制组中每个小农户的 PS 值，选取实验组与控制组中 PS 值最接近的小农户进行匹配。函数设定如下：

$$Y_i^D = F^D(X_i) + \varepsilon_i^D, D = 0,1 \tag{6.1}$$

其中，Y_i^D 表示小农户 i 在组织化获取农业生产性服务中的收入情况，X_i 为控制变量。D 表示小农户是否加入组织获取农业生产性服务，$D=1$ 表示加入组织获取农业生产性服务，$D=0$ 表示未加入组织获取农业生产性服务。ε_i^D 为残差项。

根据反事实分析框架，定义农户 i 加入组织以获取农业生产性服务的处理效应，即平均处理效应（average treatment effect on the treated，ATT）：

$$\text{ATT} = E(Y_i^1 - Y_i^0) = E(Y^D | D = 1) - E(Y^0 | D = 1) \tag{6.2}$$

---

① 实验组（加入组织获取农业生产性服务的小农户）分为全样本、村级代理托管模式、土地入社托管模式三部分，并进行独立的测算与检验，下同。

其中，Y_i^1 表示小农户 i 在加入组织获取农业生产性服务时的收入水平，Y_i^0 表示小农户 i 未加入组织获取农业生产性服务时的收入水平，ATT 表示小农户加入组织获取农业生产性服务与不加入组织获取农业生产性服务条件下的收入差值，即组织化获取农业生产性服务对小农户收入水平的净效应。如果小农户 i 加入组织获取农业生产性服务，只能观测到 $E(Y^1|D=1)$，无法观测到 $E(Y^0|D=1)$，但是，$E(Y^0|D=1)$ 可通过反事实框架的构建进行观测。其基本思路如下：

在未加入组织获取农业生产性服务的小农户样本中（控制组）找到某个样本 j，使样本与加入组织获取农业生产性服务的小农户样本中（处理组）除加入组织获取农业生产性服务与否的情况不同外，其他特征尽可能相似，使得两个样本的收入水平可近似认为是同一个体在加入和不加入组织获取农业生产性服务时的两次不同的实验结果，收入水平的差值即为农户加入组织获取农业生产性服务的净收入效应。具体分为以下四个步骤：首先，根据小农户是否组织化获取农业生产性服务将其分为两组，即处理组（$D=1$）和控制组（$D=0$）；其次，在控制变量一定的条件下，估计倾向值得分，即小农户加入组织获取农业生产性服务的条件概率 $p_i = p(X_i) = Prob(D=1|X_i)$；然后，根据小农户之间在各个方面的相似性，将控制组中的小农户 j 与处理组中的小农户 i 进行匹配（本书采用最近邻匹配法），即 $X_i \approx X_j$。最后，根据处理组与控制组之间小农户匹配的结果来测度平均处理效应，即 ATT。

2. 基于回归的夏普里值分解

本书应用基于回归的夏普里值分解方法（万广华，2006），来量化组织化获取农业生产性服务对小农户间收入不平等程度的贡献。

小农户收入决定方程表述如下：

$$\ln Y_i = \alpha + \sum \beta_i W_i + v_i \tag{6.3}$$

其中，$\ln Y_i$ 表示小农户 i 家庭人均总收入的对数，W_i 为其他控制变量。

然后，在收入决定方程的两端同时纳入计算收入差距的指标，由此可以得到每个控制变量对收入差距的贡献程度。因小农户收入决定方程的设定形式为半对数模型，为了避免自变量分布散乱，在分解方程时，方程两侧取指数，形式如下：

$$Y_i = \exp(\widehat{\alpha}) \cdot \exp\left(\sum \widehat{\beta_i} W_i\right) \cdot \exp(\widehat{v}) \tag{6.4}$$

其中，$\exp(\widehat{\alpha})$成为一个常数项，夏洛克斯和斯洛特杰（Shorrocks & Slottjie，2002）和万（Wan，2004）指出，在对方程进行分解时，常数项的存在与否并不会对分解结果产生影响。$\exp(\widehat{v})$表示残差项，其与收入差距的比率可以被理解为方程中所设定的变量并未对收入差距进行解释的部分，因此，1与上述比率之差即为方程中所设定的变量对收入差距的解释水平（万广华等，2005）。在两个方面可以反映出一项因素对收入差距的影响效应：第一，该项因素与收入差距是否相关，可用相关系数来衡量，数值越大，表示对收入差距产生的影响也就越大；第二，若相关系数保持稳定，该项因素的分布情况越不均匀，对收入差距产生的影响也就越大，反之亦然（杨子等，2017）。

6.2.2　数据描述性分析

1. 基本描述统计

本书使用农业纯收入、非农收入、小农户家庭人均总收入三个指标来表示小农户家庭收入水平和收入结构，将小农户分为未加入组织获取农业生产性服务农户、加入组织获取农业生产性服务农户、村级代理托管模式获取农业生产性服务农户、土地入社托管模式获取农业生产性服务农户四类进行家庭收入水平比较。如表 6-1 所示，在农业纯收入方面，加入组织获取农业生产性服务的小农户的平均收入水平（0.58 万元）低于未加入组织获取农业生产性服务的小农户（0.70 万元），分模式来看，村级代理托管模式下，小农户的平均农业纯收入（0.90 万元）高于未加入组织获取农业生产性服务的小农户（0.70 万元），而土地入社托管模式下，小农户的平均农业纯收入（0.27 万元）则低于未加入组织获取农业生产性服务的小农户（0.70 万元）。而在非农收入和人均总收入方面，加入组织获取农业生产性服务的小农户均高于未加入组织获取农业生产性服务的小农户，且村级代理托管模式和土地入社托管模式差距不大。选择加入与不加入组织获取农业生产性服务的小农户的初始条件不完全一致，可能会存在"选择偏差"的问题，如果对小农户（加入组织与不加入组织）的收入进行直接的对比与比较是不确切的，因此，本书在构建相关模型的基础上进行进一步的实证检验。

表 6－1　　　　　　　　　　　　　变量定义及描述性统计

变量	变量定义	全样本	分散化获取农业生产性服务	组织化获取农业生产性服务	村级代理托管	土地入社托管
被解释变量						
农业纯收入	农产品价值扣除农产品生产成本（万元）	0.64	0.70	0.58	0.90	0.27
非农收入	工资性收入与非农经营收入之和（万元）	12.05	10.56	13.83	15.19	12.51
人均总收入	家庭总收入与总人口的比值（万元）	3.21	2.81	3.69	3.76	3.62
解释变量						
组织化获取农业生产性服务	是＝1，否＝0	0.46	0	1	1	1
家庭主事者年龄	周岁	58.25	58.80	57.59	55.20	59.92
家庭主事者健康状况	由差到好依次赋值 1~5	4.12	4.04	4.20	4.33	4.07
家庭主事者是否为党员或村干部	是＝1，否＝0	0.15	0.15	0.14	0.11	0.17
家庭主事者教育年限	年	7.47	7.37	7.58	7.58	7.58
家庭主事者是否购买商业养老保险	是＝1，否＝0	0.21	0.18	0.25	0.21	0.28
经营土地面积	亩	7.53	8.61	6.24	7.88	4.64
家庭总人口数量	人	4.13	4.24	4.00	4.40	3.60
家庭劳动力人口数量	人	2.39	2.35	2.44	2.81	2.08
是否在城镇购买商业住房	是＝1，否＝0	0.14	0.13	0.15	0.13	0.17

2. 变量选取

本章选取的被解释变量为小农户农业纯收入、非农收入、人均总收入。关键变量为小农户是否选择加入组织获取农业生产性服务，0 表示未加入，1 表示加入。小农户加入组织获取农业生产性服务指在村集体的主导下，小农户与村集体通过缔结正式契约的方式，构建合作关系，统一与外部市场对接，获取农业生产性服务（即小农户通过组织化的形式来统一获取农业生产性服务）。组织化获取农业生产性服务时，在村集体协调下，小农户在农业生产的各个环节（耕、种、管、收等）达成一致，实行统一的农业生产经营方式，且在农业生产的各个环节均通过对外购买农业生产性服务的方式来完成。与之相对应，小农户分散化获取农业生产性服务时，从农资购买到田间管理，再到最后的农产品销售，农业生产的各个环节均由自身做独立的决策，一般而言，在整地、收割等劳动强度较大的生产环节，小农户都选择了向外部获取农业生产性服务的方式来完成作业（但获取的形式是分散、细碎的），而在病虫害防治、施肥、晾晒谷物等方面大部分小农户仍由自身的劳动力完成。

此外，在其他控制变量中，本章共选择两大类变量：一是家庭主事者特征，包括年龄、教育年限、身体健康程度、是否为党员或村干部、是否有商业养老保险；二是家庭特征，包括经营土地的面积、家庭人口规模、家庭劳动力数量、是否在城镇购买商业住房，具体情况见表 6-1。

家庭主事者一般为小农户家庭的男性长辈，是家庭收入的主要贡献者，其年龄、教育年限、身体健康程度对从事行业的性质、工作时长、工资报酬等均有一定的影响，进而对小农户的家庭收入产生不同程度的影响效应。小农户的家庭主事者如果具有党员或村干部的身份，可以较为便捷及顺畅地获取农业生产、农村生活等各方面的信息，有利于家庭资源的合理配置，从而对小农户的家庭收入产生影响。若小农户家庭主事者购买了商业养老保险，对传统的土地养老方式产生了替代效应，更倾向于在城镇工作并获取非农收入，从而对家庭收入结构和水平产生影响。

在家庭特征中，经营土地的面积在很大程度上决定了农作物的产量，从而对农业收入产生影响，然而，经营土地的面积又会在农业生产中牵制更多的劳动力，不利于农业劳动力的非农转移，从而对非农收入及总收入产生不同的影响；小农户组织化获取农业生产性服务时，所有的农业生产环节都通过对外购买农业生产性服务的方式来完成，经营土地的面积对其非农收入的影响较小，而小农户分散化获取农业生产性服务时，在病虫害防治、施肥、晾晒谷物等方面大部分小农户仍需自身投入一定的劳动力来完成，经营土地的面积越大，所需投入的劳动力越多，劳动力的转移进程越不彻底，从而对非农收入及总收入的提升产生抑制作用。小农户中的家庭收入中绝大部分收入来源于家庭劳动力，因此，家庭劳动力的数量对小农户家庭收入水平及小农户之间的收入差距均具有较大影响，家庭人口规模作为家庭人口的基数，对小农户家庭人均收入产生了一定的影响。此外，当小农户家庭在城镇购买商业住房时，其家庭成员一般在城镇具有相对稳定的工作，可获取稳定且可观的非农收入，在农业生产经营中投入的精力很少，家庭收入来源主要是非农收入，对小农户家庭收入结构和收入水平，以及小农户之间的收入差距产生影响。

6.3 实证结果与分析

6.3.1 组织化获取农业生产性服务对小农户收入水平的影响

1. 平衡性检验

为了确保倾向值得分匹配的结果是合理且有效的，本书进一步对模型的解释变量进行平衡性检验，即经过匹配后，对照组和处理组的小农户除了在农业纯收入、非农收入、家庭人均总收入方面存在差异外，解释变量不存在显著的系统性差异。由平衡性检验结果可知（见表 6 - 2），在全样本进行匹配后，解释变量的伪 R^2 从匹配前的 0.064 减少到匹配后的 0.006；LR 统计量由匹配前的 32.84 降至匹配后的 2.59；标准偏差由匹配前的 13.7% 减少到匹配后的 4.5%；在村级代理托管模式的处理组中，解释变量的伪R^2从匹配前的 0.146 减少到匹配后 0.010；LR 统计量由匹配前的 51.26 降至匹配后的 2.46；标准偏差由匹配前的 21.4% 减少到匹配后的 6.0%；在土地入社托管模式的处理组中，解释变量的伪R^2从匹配前的 0.054 减少到匹配后的 0.004；LR 统计量由匹配前的 18.69 降至匹配后的 0.84；标准偏差由匹配前的 17.5% 减少到匹配后的 3.5%。由此可知，上述三种匹配方式中总偏误均显著降低，且低于平衡性检验规定的 20% 红线标准（王慧玲和孔荣，2019）。由检验结果可知，在倾向值得分匹配后，处理组和控制组的数据得到了较好的平衡，通过检验。

表 6 – 2　　　　　　　　倾向值得分匹配前后解释变量平衡性检验结果

组织模式	匹配前/后	伪R^2	LR 统计量	标准偏差（%）
全样本	匹配前	0.064	32.84	13.7
	匹配后	0.006	2.59	4.5
村级代理托管	匹配前	0.146	51.26	21.4
	匹配后	0.010	2.46	6.0
土地入社托管	匹配前	0.054	18.69	17.5
	匹配后	0.004	0.84	3.5

2. 共同支撑域检验

为了保证匹配质量，还应进一步讨论实验组（即小农户组织化获取农业生产性服务）和对照组（即小农户未加入组织获取农业生产性服务的共同支撑域）。图 6 - 2（a）、图 6 - 2（b），图 6 - 3（a）、图 6 - 3（b），图 6 - 4（a）、图 6 - 4（b）分别为全样本、村级代理托管模式、土地入社托管模式的倾向值得分匹配前后的函数密度图。横轴代表倾向得分值（propensity score，pscore），纵轴代表密度（kdensity_pscore）。从图中可以看出，在匹配前三组匹配方式的倾向得分值的概率分布存在明显的差异，而在完成匹配后，三组匹配方式的倾向得分值的概率分布都呈现出了重合的趋势，表明匹配后的各方面特征更为接近与相似，匹配效果较好。

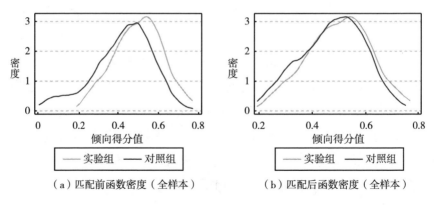

（a）匹配前函数密度（全样本）　　　（b）匹配后函数密度（全样本）

图6-2　匹配前后函数密度（全样本）

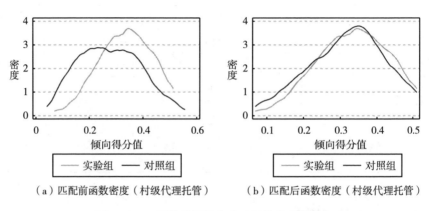

（a）匹配前函数密度（村级代理托管）　（b）匹配后函数密度（村级代理托管）

图6-3　匹配前后函数密度（村级代理托管）

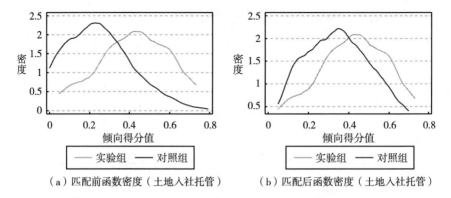

（a）匹配前函数密度（土地入社托管）　（b）匹配后函数密度（土地入社托管）

图6-4　匹配前后函数密度（土地入社托管）

3. 实证结果分析

表6-3给出了全样本小农户进行倾向值得分匹配的估计结果，考察完全样本后再将加入组织获取农业生产性服务的小农户进一步分不同模式进行估计分析，结果如表6-4所示。

表6-3　　　　全样本小农户倾向值得分匹配的估计结果

因变量	处理效应	处理组	控制组	净效应	标准误	t检验值
农业纯收入	匹配前	0.582	0.698	-0.116	0.054	-2.15
	ATT	0.582	0.511	0.071	0.046	1.55
非农收入	匹配前	13.830	10.557	3.273	0.975	3.36
	ATT	13.830	11.233	2.597	1.098	2.36
人均总收入	匹配前	3.686	2.811	0.875	0.221	3.95
	ATT	3.686	2.996	0.690	0.253	2.72

表6-4　　　　不同组织模式下小农户的倾向值得分匹配估计结果

因变量	模式	处理效应	处理组	控制组	净效应
农业纯收入	村级代理托管	匹配前	0.905	0.698	0.207***
		ATT	0.905	0.649	0.256***
	土地入社托管	匹配前	0.267	0.698	-0.431***
		ATT	0.267	0.389	-0.122***
非农收入	村级代理托管	匹配前	15.186	10.557	4.629***
		ATT	15.186	12.530	2.656**
	土地入社托管	匹配前	12.505	10.556	1.949
		ATT	12.505	9.154	3.351**
人均总收入	村级代理托管	匹配前	3.756	2.811	0.945***
		ATT	3.756	3.132	0.624**
	土地入社托管	匹配前	3.618	2.811	0.807***
		ATT	3.618	2.774	0.844**

注：*、**、***表示在10%、5%、1%的显著水平上显著。

在农业纯收入方面，总体上，小农户组织化获取农业生产性服务比未加入组织获取农业生产性服务的小农户平均提高了13.89%（0.071/0.511），但在统计意义上不显著。不同组织模式对小农户农业纯收入的影响效果出现了相反的结果，加入村级代理托管模式能提高小农户的农业纯收入 39. 45% （0. 256/0. 649），影响作用在 1% 的显著水平上显著；而加入土地入社托管模式降低了小农户的农业纯收入 31. 36% （−0. 122/0. 389），同样在 1% 的显著水平上显著，假说 6. 1 得到验证。

在非农收入方面，加入组织获取农业生产性服务和未加入组织获取农业生产性服务的小农户的非农收入分别为 13. 830 和 10. 557，两者之间的差异为 3. 273，经过匹配后，加入组织获取农业生产性服务的小农户的非农收入为 13. 830，而未加入组织获取农业生产性服务的小农户的非农收入为 11. 233，这表明在考虑了组织化获取农业生产性服务的样本选择偏差问题后，弱化了组织化获取农业生产性服务对小农户非农收入的提升效应，两者之间的差异得到缩小（为 2. 597），在 5% 的统计水平上显著，此差异即为组织化获取农业生产性服务的平均处理效应（ATT），表明小农户加入组织获取农业生产性服务的平均非农收入比不加入组织获取农业生产性服务提高了 23. 12% （2. 597/11. 233）。村级代理托管模式和土地入社托管模式均对小农户非农收入的提高有显著的提升作用，均在 5% 的显著水平上显著，提升效应分别为 21. 20% （2. 656/12. 530）和 36. 61% （3. 351/9. 154），假说 6. 2 得到验证。

在小农户家庭人均总收入方面，加入组织获取农业生产性服务的小农户平均的人均总收入比未加入组织获取农业生产性服务的小农户提高了 23. 03% （0. 690/2. 996），在 1% 的显著水平上显著。无论是村级代理托管模式还是土地入社托管模式，对小农户家庭人均总收入均有提升带动作用，村级代理托管模式的提升效应为 19. 92% （0. 624/3. 132），土地入社托管模式的提升效应为 30. 43% （0. 844/2. 774），两者的提升效应均在 5% 的显著水平上显著，假说 6. 3 得到验证。

由上述结果可见，村级代理托管模式在非农收入和人均总收入方面对小农户的提升作用分别为 21. 20% 和 19. 92%，低于土地入社托管模式对小农户在非农收入和人均总收入方面的提升作用（36. 61% 和 30. 43%）。可能的原因是，在村级代理托管模式下，由于小农户拥有完整的剩余索取权，为了收益最大化的目标，会付出一定的劳动力对农业生产性服务的实施进行监督，以及对大型机械作业遗漏的边角地带进行补充作业；而在土地入社托管模式下，小农户不再拥有完整的剩余索取权，按照合同的约定获取保底收入和分红收入，因小农户所获分红收入有限，其监管和补充作业的意愿较低。另外，小农户出力监督与否都会按合同获取与其他入社小农户相同的亩均分红收入，为了避免"搭便车"现象的发生，小农户也基本不会投入劳动力去监管和补充作业，劳动力的释放作用要强于村级代理托管模式，因而对小农户非农收入和家庭人均总收入的带动效果优于村级代理托管模式。

6.3.2 组织化获取农业生产性服务对小农户收入差距的影响

组织化获取农业生产性服务不仅对小农户的收入水平产生了一定的影响，还可能对小农户之间收入差距的形成存在影响作用，为此，本书进一步使用基于回归的夏普里值分解方法测量组织化获取农业生产性服务对小农户收入差距的贡献程度，并通过变量排序对其重要性作出判断。

在分解之前，先对小农户的收入决定方程进行估计，结果如表6-5所示。思路如下：首先将组织化获取农业生产性服务这一变量去除，构建方程（1），作为基准方程，然后在方程（2）中将组织化获取农业生产性服务这一变量重新纳入模型中。通过对两组方程的系数和显著性的对比分析发现，所有变量的显著性均保持一致，系数也未发生太大的变化，此外，加入本书关键变量（组织化获取农业生产性服务）后，方程（2）的R^2得到提升。综上，组织化获取农业生产性服务对于小农户的收入决定具有积极的正向影响作用。

由表6-5中方程（2）的回归结果可知，在影响小农户家庭收入的各因素中，其影响方向与理论预期保持一致。组织化获取农业生产性服务可以显著地提高小农户的家庭人均总收入。家庭主事者身体越健康、有党员或村干部的身份、购买商业养老保险均可显著提高小农户的人均总收入水平，且均在1%的显著水平上显著。家庭主事者越健康，可以从事的劳动强度更大，收入越高；家庭主事者有党员或村干部的身份，能够及时了解相关政策和信息，帮助小农户家庭做出合理的决策，对收入水平的提高具有促进作用。此外，家庭总人口数量和劳动力人口数量也在1%的显著水平上显著影响家庭人均总收入，但是影响的方向不同，若不同的小农户家庭具有大致相当的收入，总人口数量越多的小农户家庭需要承担更多的抚养责任，因此对人均总收入产生负向影响，而家庭劳动力人口是家庭收入来源的主要贡献者，因此，家庭劳动力人口数量对家庭人均总收入的提升有正向作用。

表6-5　　　　　　　　　　　收入决定方程估计结果

变量	方程（1）	方程（2）
组织化获取农业生产性服务		0.623 *** (0.188)
家庭主事者年龄	-0.012 (0.012)	-0.013 (0.012)
家庭主事者健康状况	0.308 *** (0.103)	0.279 *** (0.102)
家庭主事者是党员或村干部	0.953 *** (0.277)	1.008 *** (0.274)
家庭主事者教育年限	0.049 (0.030)	0.047 (0.030)
家庭主事者购买商业养老保险	0.706 *** (0.234)	0.648 *** (0.232)
土地经营面积	0.010 (0.017)	0.022 (0.017)
家庭总人口	-0.495 *** (0.081)	-0.472 *** (0.080)
家庭劳动力人口	0.807 *** (0.109)	0.772 *** (0.108)
在城镇购买商业住房	0.776 *** (0.277)	0.745 *** (0.273)
常数项	1.922 * (0.985)	1.704 * (0.974)
观测值	372	372
R^2	0.357	0.376

注：*、**、*** 表示在10%、5%、1%的显著水平上显著。括号内数值为标准误。

在运用夏普里值分解法前，为确定模型设定的有效性，需考察模型的解释程度，如表6-6所示，模型的解释程度为57.10%，一般来说，解释程度超过50%就说明回归方程分解结果具有一定程度的可靠性（何金财和王文春，2016），因此，本书设定的模型中，小农户之间的收入差距可以较好地被选取的自变量所解释，保证了分解结果的有效性和可靠性。

表 6 - 6　　　　　　　　　　　　收入差距与被解释比例

度量指数	影响程度			被解释比（自变量解释系数/总系数）
	总系数	自变量	残差	
基尼系数	0.324	0.185	0.139	57.10%

注：总系数为基于被解释变量（家庭人均总收入）实际值所计算的基尼系数。

　　表 6 - 7 列示了对收入差距贡献的分解结果，并按照贡献度对自变量进行了排序，贡献度为该变量对基尼系数的贡献程度。排名第一的是家庭劳动力人口，其贡献度达到了 43.4%，对收入差距作出了近一半的贡献。这个结果表明家庭劳动力人口是造成小农户间收入差距拉大的最关键变量，可能的原因是，家庭劳动力人口是家庭收入的主要贡献者，家庭收入的来源主要来自家庭劳动力，因此，家庭劳动力越多，家庭人均总收入越高；反之，家庭人均总收入则越低，造成了对收入差距的巨大贡献。本书所关注的关键变量——小农户组织化获取农业生产性服务的贡献度为 9.18%，在各个影响因素中排名第三，距排名第二的家庭主事者健康状况这一因素，仅有 1.23% 的差距，这表明了小农户组织化获取农业生产性服务虽然对收入差距的贡献度不足 10%，但是在除了家庭劳动力人口这一变量外，在其他各个影响因素中的影响程度较高，是造成小农户之间收入差距扩大的关键变量之一，假说 6.4 得以验证。

表 6 - 7　　　　　　　　　　　　收入差距分解结果

自变量	贡献度（%）	排名
家庭劳动力人口	43.40	1
家庭主事者健康状况	10.41	2
组织化获取农业生产性服务	9.18	3
家庭总人口	9.07	4
家庭主事者教育年限	8.67	5
家庭主事者购买商业养老保险	5.66	6
家庭主事者是党员或村干部	5.30	7
在城镇购买商业住房	3.83	8
家庭主事者年龄	2.92	9
土地经营面积	1.56	10
合计	100	

家庭主事者的特征，包括家庭主事者健康状况、教育年限、购买商业养老保险、拥有党员或村干部的身份、年龄，对收入差距的贡献累加起来达到 32.96%，说明人力资本因素是造成农村收入差距的重要因素，这与莫杜克和西库尔（Morduch & Sicular, 2002）对中国的研究结果相似。

土地经营面积对小农户收入差距的贡献仅为 1.56%，排名最后。这表明了农业经营收入对小农户收入差距的贡献程度十分有限，首先，小农户经营土地的面积有限（50 亩以下），农业经营收益对小农户家庭收入的贡献较小，从而对收入差距的影响较小；其次，在我国工业化和城镇化的进程中，农村劳动力逐步向非农转移，从事非农工作获取的非农收入是小农户家庭收入的主要来源，而农业生产收入占家庭收入的比重较低，因此，土地经营面积对小农户收入差距的影响程度十分微弱，与杨子等（2017）的研究结论较为相似。

6.4 本章小结

本章基于笔者于 2019 年对山东省滨州市博兴县 372 个种粮小农户（种植小麦和玉米）的微观调查数据，在进行理论分析的前提下，使用倾向值得分匹配方法分析小农户组织化获取农业生产性服务对其收入的影响（农业纯收入、非农收入和家庭人均总收入），在此基础上，进一步运用基于回归分析的夏普里值分解方法测算小农户组织化获取农业生产性服务对农村居民收入（家庭人均总收入）不平等的贡献度。

研究发现：（1）相较于分散化获取农业生产性服务，小农户组织化获取农业生产性服务对农业纯收入、非农收入和家庭人均总收入均有正向影响，分别提高了 13.89%、23.12% 和 23.03%，其中对非农收入和家庭人均总收入的提高效应分别在 5% 和 1% 的显著水平上显著，而对农业纯收入的提高效应在统计意义上不显著。（2）从不同类型的组织模式看，村级代理托管模式和土地入社托管模式均能显著提高小农户的非农收入和家庭人均总收入，且提升效应均在 5% 的显著水平上显著，土地入社托管模式的提升效应高于村级代理托管模式。而在农业纯收入方面，出现了影响作用相反的研究结果，村级代理托管模式显著促进了小农户农业纯收入的提高，而土地入社托管模式则相反，影响效应均在1%的显著水平上显著。（3）组织化获取农业生产性服务对农村内部收入差距的贡献度为9.18%，排名第三，表明组织化获取农业生产性服务是造成农村内部收入差距的主要原因之一。家庭劳动力人口数量对农村内部收入差距的贡献最大，家庭主事者健康状况、家庭总人口数量及家庭主事者教育年限排名前五。

小农户组织化获取农业生产性服务
对农业生产效率的影响

随着国民经济的不断发展和人口数量的持续攀升，我国对农产品的消费需求也是与日俱增，农产品产量，尤其是粮食产量的稳定性对于社会经济的持续发展具有重要意义（贾贵浩，2014）。我国城镇化、工业化进程的不断推进使得农业用地不断向非农用途转变，耕地面积呈现出逐步缩小的趋势（张迪等，2004；宋戈等，2006）。在我国耕地面积总量保持稳定甚至逐年减少的情况下，如若保证农产品产量及粮食产量的产出稳定，须在各项农业生产要素的配置方面进行优化，以带动农业生产效率的提高。从长期的角度而言，农业生产效率之所以得以提高的原因是技术进步，而在短时期内，技术的革新与进步速率缓慢，因而提高农业生产效率、保障粮食产出稳定则主要依靠农业生产要素的优化配置（高鸣和宋洪远，2014；杨皓天等，2016）。

自 20 世纪 90 年代中央明确提出要"建立健全农业社会化服务体系"以来，我国的农业生产性服务发展迅速（高强和孔祥智，2013），成为小农户与现代化生产要素之间有机融合、带动农业生产效率持续提升的重要因素（冀名峰，2018；杨子等，2019）。但分散小农户细碎化、小规模的农业生产性服务需求与农业生产性服务供给的规模化偏好存在一定的差异，降低了资源配置的效率。为了合理配置资源，小农户开始探索通过组织化的方式来统一获取农业生产性服务，那么组织化的方式是否在农业生产中对生产效率有提升作用呢？

为此，本章以农业生产效率为切入点，首先，对生产效率的分类及特征进行辨析，然后，根据博兴县的农户调研数据，以小麦为例，在理论分析的基础上，运用随机边界模型（stochastic frontier approach，SFA）和基于 C - D 生产函数的普通最小二乘法（ordinary least squares，OLS）来考察小农户组织化获取农业生产性服务对小麦生产技术效率和土地生产率的影响效应。

因为每种作物的生产环节、所需的农业生产性服务、所用的生产技术手段都不尽相同，将不同作物的投入产出信息融合起来测算技术效率和土地生产率时容易产生测量偏差，因此，本章选取小麦作为研究对象来考察小农户组织化获取农业生产性服务对其生产效率的影响作用，小麦为三大粮食作物之一，2013 ~ 2017 年我国小麦平均种植面积达 3.68 亿亩（2454.8 万公顷），占全国农作物总播种面积的 14.8%，主要分布在河南、山东、河北、安徽、江苏等省份，平均年产量达 13045.5 万吨，占全国粮食总产量的 20.7%，在维护我国粮食稳定方面发挥了重要作用（王利民等，2019）。

在土地入社托管模式下，小农户不参与任何的生产经营活动，也不对服务进行监督，所有的小农户在农业生产各项投入及产量方面是完全相同的，与种植合作社具有高度一致性。由于在土地入社托管模式下小农户不是真正的生产经营主体，将其纳入实证分析时，无法有效辨别小农户种植小麦的生产效率变化。因此，在本章分析小农户组织化获取农业生产性服务时，将土地入社托管模式下的小农户剔除，实证分析中的控制组为分散化获取农业生产性服务的小农户，实验组为通过村级代理托管模式获取农业生产性服务的小农户。

7.1　农业生产效率的分类及特征

在土地经营和农业生产的绩效评价中，生产效率是非常重要的一项指标，可以从两个维度去理解其内涵，即生产率维度和效率维度。从生产率的角度来看，其表示的是投入—产出之间的比值关系，包括土地生产率、劳动生产率、成本利润率等，而效率则是在考虑了生产损失后，表示实际产出与理想产出（实际成本与理想成本）之间的比值，包括技术效率和成本效率，不同的生产效率的指标具有不尽相同的内涵与含义（李谷成等，2009），图 7 – 1 对二者的联系与差异进行了简要的描述。

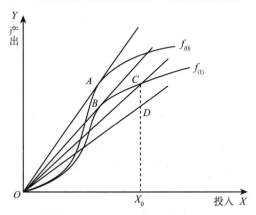

图 7 – 1 生产率、效率与生产前沿

如图 7 – 1 所示，$f_{(0)}$ 和 $f_{(1)}$ 代表了在不同时期或不同技术水平下的生产前沿，在生产前沿上的点即为效率最优点，如点 A、点 B 和点 C，其与 x 轴的之间的区域便为现实生产中的可能性空间，点 D 在可能性空间内，但并未处在生产前沿上，表示其有效率改进的空间，由原点 O 向各个点发出的射线，即 OA、OB、OC、OD，其斜率就表示了生产率的大小（刘强，2017）。（1）点 D 向处于生产前沿上的点 C 移动，技术效率提高，生产率也得以提高，此时生产率的提升归因于技术效率的提高。（2）处于同一生产前沿的点 C 向点 B 移动，在技术效率不变的情况下，生产率得到提升，这意味着，规模效应（规模经济）是生产率提升的源泉。（3）处于不同生产前沿的点 B 向点 A 移动，此时，生产率的提升来源于技术进步。通过对不同情况下，导致生产率提升的因素分析发现，生产率的变动是由技术效率改进、规模经济、技术进步的单一因素或多种混合因素共同作用的结果，效率的提升并不完全等于生产率的提高，同样，生产率的提升也并不一定完全是由效率所决定的（Farrell，1957）。

根据研究的目的和数据特点，本书主要选择了技术效率和土地生产率这两个生产效率指标来探讨小农户组织化对接农业生产性服务与农业生产效率之间的关系。

随着技术的不断进步，技术效率是人们在对技术进步的定性和定量研究中衍生出来的（毛世平，1998），法雷尔（Farrell，1957）早在1957年就提出了技术效率的概念，他以要素投入为视角对技术效率进行了定义，认为技术效率是在产出水平一定的基础上，理论上最小投入与实际投入的比值。莱本斯坦（Leibenstein，1966）对技术效率的定义从产出的视角进行了补充，认为技术效率是在投入水平一定的基础上，实际产出与理论上最大产出的比值。因此，技术效率表示在一定的要素投入水平下，所获取的产量或产值与相同水平下最高产量或产值的比值，取值范围在0和1之间，等于0表示技术无效率，数值越大意味着技术效率越高，等于1表示技术效率处于生产前沿上。一味地依靠生产要素在数量上的增加投入来实现经济增长已经不适应现今社会经济发展的趋向，在农业生产中充分利用先进技术和管理方法才是现代农业的发展之路（史君卿，2010）。对技术效率的测算可以量化农业生产中对当前技术的有效应用程度，充分、合理地把握技术效率内涵，不断推进技术进步与技术效率的增进，对农业经济的增长具有极大的促进作用。

在农业生产中，土地这一生产要素是相对固定的，由一个国家或地区的资源禀赋条件所决定，在一个较长的周期内，土地数量及质量也会发生一定的变动，"人多地少"是我国土地资源要素典型的禀赋特征。土地生产率是对土地生产能力的量化指标，指在一定的时期内（通常为一年）单位面积的土地的产出数量或产出价值，是实际产出数量或产出价值与土地要素投入的比值。影响某一地区土地生产率的因素众多，既包括土地自身特性因素（如地形、土壤质量等），也包括地区自然环境因素（如温度、海拔、降水、热量等），还包括社会经济发展因素（如技术发展水平、交通运输条件、劳动力素养等）。粮食生产是事关国计民生的重要问题，是保持社会稳定、国家安全的重要基础（尹成杰，2019）。如何在有限的土地资源上获取更多的粮食产出成为了在农业生产中甚至整个社会中关切的重点问题，土地生产率的提升对于提高农民的农业收入及保障我国粮食安全均具有重要意义（高延雷等，2021）。

7.2 小农户组织化获取农业生产性服务对技术效率的影响分析

本节首先从地块规模与集中连片条件、农业基础设施、技术选用和采纳程度、交易成本四个方面就小农户组织化获取农业生产性服务对技术效率的影响进行理论分析，然后运用随机前沿生产函数模型分析法（SFA）进行实证检验。

7.2.1 理论分析与研究假说

与分散化获取农业生产性服务相比，组织化的获取方式使小农户的服务需求得到了统一与整合，规模化的服务需求使其在市场中的地位有所提高，降低了服务交易过程中的各项成本，还有利于先进技术及机械设备的有效利用，从而对技术效率也产生了一定程度上的影响，具体表现为以下方面。

第一，地块规模与集中连片条件差异。分散的小农户土地经营规模较小且地块分散，在获取农业生产性服务时增加了机械的调头频率与往返各个地块的路程，因此，增加了机械的运行时间，导致机械的油耗水平增加，机械磨损程度加剧，从而致使农业生产成本提高。这不仅限制了农业生产性服务的高质量实施，还提升了服务的价格，导致小农户生产成本以及投入产出比的增加，从而影响了分散小农户的生产技术效率。小农户组织化后，每家每户的土地集中起来接受统一服务，对农业服务主体而言，为集中连片的土地提供服务，更加便于机械作业，可以提高农机服务的机械利用率，有助于技术效率的提升。

第二，农业基础设施差异。小农户组织化后，其土地集中连片，为了便于机械作业和统一管理，村集体可利用政策资金或集体资金统一建设机耕道路、农田灌溉系统等基础设施，与传统小农户机械道路狭窄、田埂分布散乱的生产特征相比，农业基础设施的进一步完善可以有效提升部分农业生产环节的作业效率，进而带动技术效率的提升。

第三，技术选用和采纳程度差异。对先进技术的广泛应用和采纳是农业生产性服务提高农业生产效率的关键因素之一。由于地块零散的特征，现代化的大型农机不适合在分散小农户的土地上作业，抑制了技术效率的提升。同时，分散的小农户受传统农耕思想的影响，对传统生产技术的依赖程度较高，抑制了对现代化生产技术的采用意愿，降低了新技术的应用程度（段培等，2017）。如飞防作业和测土配方技术，组织化的小农户因规模大、地块集中，降低了对新技术的平均应用成本，在施肥和喷洒农药环节节省了劳动力的投入，加之农业服务主体科学化的配肥和农业作业，技术效率得以提升。

第四，交易成本差异。小农户在购买农业生产性服务时，可以看作是服务主体与小农户在一定的条件下，寻求成本最小化或者收益最大化的过程。小农户分散化获取农业生产性服务时，其多样化的需求增加了与服务主体的对接难度，根据小农户的不同需求，服务主体不断调整服务供给。而小农户组织化获取农业生产性服务时，其服务需求经过统一整合后，由村集体与农业服务主体进行直接的沟通，节省了大量的信息搜寻、服务价格与质量的协调、监督等交易成本。因此，组织化的小农户获取农业生产性服务的价格低于分散的小农户，从而节省了农业生产成本。

由此可知，小农户组织化获取农业生产性服务有利于交易成本的降低，规模化、连片化的土地经营条件促进了先进装备和技术的应用，提高了机械的使用效率。

因此，提出假说7.1：在其他条件不变的情况下，相较于分散化获取农业生产性服务的小农户，小农户组织化获取农业生产性服务时对小麦生产技术效率有提升作用。

7.2.2　模型设定与变量选取

1. 模型设定

数据包络分析法（data envelopment analysis，DEA）和随机前沿生产函数模型分析法（stochastic frontier analysis，SFA）是目前被广泛运用的两种

测算技术效率前沿的相关理论与方法（陈超等，2012）。随机前沿生产函数模型（SFA）中纳入了白噪声项（金福良等，2013），在确保生产函数模型估计结果有效性和无偏性的同时，分析技术效率损失的影响因素，因而本书将采用随机前沿生产函数模型（SFA）来估计小麦生产技术效率，其基本形式如下：

$$y_i = f(x_i, \beta) \exp(v_i - u_i) \tag{7.1}$$

其中，y_i 表示农户 i 的产出，$f(x_i, \beta)$ 为生产函数，x_i 为农户 i 的要素投入，β 为待估参数向量，v_i 为随机误差项，$v_i \sim N(0, \sigma_v^2)$，$u_i$ 为管理误差项，$u_i \sim N^+(0, \sigma_u^2)$。农户 i 的技术效率值为

$$TE_i = \frac{y_i}{f(x_i, \beta)} \exp(v_i) = \exp(-u_i) \tag{7.2}$$

其中，TE_i 的取值区间为（0，1）。

在求得技术效率值后，将其作为被解释变量，考察外部因素对技术效率的影响。鉴于技术效率的值域为（0，1），符合"受限被解释变量"的特征，为了避免参数的估计值出现有偏且不一致的现象，无法采用最小二乘法进行估计。因此，本书采用 Tobit 模型（极大似然法的截尾回归模型）来考察小麦生产技术效率的影响因素。

技术效率影响因素模型如下：

$$TE_i = \delta_0 + \sum_{i=1}^{n} \sum_{k=1}^{m} \delta_k z_{ik} + w_i \tag{7.3}$$

其中，TE_i 为农户 i 的技术效率值，z_{ik} 是影响农户 i 技术效率的因素，w_i 为随机误差项。

在随机前沿分析方法中，有两种不同的函数形式可供选择，即柯布 – 道格拉斯生产函数和超越对数生产函数，相比而言，超越对数生产函数的形式具有易估性和包容性的特点，不仅可以避免柯布 – 道格拉斯生产函数替代弹性固定为 1 所带来的模型设定偏误，还考虑了投入要素之间的替代效应和交互作用（郝爱民，2013）。

因此，本书将超越对数随机前沿生产函数模型设定如下：

$$\ln Y_i = \beta_0 + \beta_1 \ln(X_{i1} + 1) + \frac{1}{2}\beta_{11}\ln(X_{i1} + 1)^2 + \beta_2 \ln(X_{i2})$$

$$+ \frac{1}{2}\beta_{22}\ln(X_{i2})^2 + \beta_3\ln(X_{i3}) + \frac{1}{2}\beta_{33}\ln(X_{i3})^2$$

$$+ \beta_{12}\ln(X_{i1}+1)\ln(X_{i2}) + \beta_{13}\ln(X_{i1}+1)\ln(X_{i3})$$

$$+ \beta_{23}\ln(X_{i2})\ln(X_{i3}) + v_i - u_i \tag{7.4}$$

其中，Y_i 是小农户 i 种植小麦的亩均产出（千克），X_{i1} 为小农户 i 亩均劳动力投入（工），X_{i2} 为小农户 i 亩均农机服务费用投入（元），X_{i3} 为小农户 i 亩均农资投入（元），包括种子、化肥、农药、灌溉等费用。因为组织化获取农业生产性服务时，在小麦生产过程中大多数小农户不投入任何劳动力，仅依靠购买的服务来完成农业生产，其劳动力投入为 0，无法获取其对数，根据王兰芳和王苏生（2010）的数据处理方法，在生产函数模型中将亩均劳动力投入这一变量在原值的基础上进行加 1 的标准化处理。

根据式（7.3），本书将小麦生产技术效率的影响因素模型设定如下：

$$TE_i = \delta_0 + \delta_1 Z_{i1} + \delta_2 Z_{i2} + \delta_3 Z_{i3} + \delta_4 Z_{i4} + \delta_5 Z_{i5}$$

$$+ \delta_6 Z_{i6} + \delta_7 Z_{i7} + \delta_8 Z_{i8} + W_i \tag{7.5}$$

2. 变量选取

式（7.5）中，TE_i 是小农户 i 的技术效率项，$Z_{i1} \sim Z_{i8}$ 是影响小麦生产技术效率的不同因素。Z_{i1} 是本书的关键变量，即小农户 i 是否加入组织来获取农业生产性服务，小农户加入组织获取农业生产性服务指在村集体的主导下，小农户与村集体通过缔结正式契约的方式，构建合作关系，统一与外部市场对接，获取农业生产性服务（即小农户通过组织化的形式来统一获取农业生产性服务）。组织化获取农业生产性服务时，在村集体协调下，小农户在农业生产的各个环节（耕、种、管、收等）达成一致，实行统一的农业生产经营方式，且在农业生产的各个环节均通过对外购买农业生产性服务的方式来完成。与之相对应，小农户分散化获取农业生产性服务时，从农资购买到田间管理，再到最后的农产品销售，农业生产的各个环节均由自身做出独立的决策，一般而言，在整地、收割等劳动强度较大的生产环节，小农户都选择了向外部获取农业生产性服务的方式来完成作业（但获取的形式是分散、细碎的），而在病虫害防治、施肥、晾晒谷物等方面大部分小农户仍由自身的劳动力完成。

Z_{i2}为小农户i的家庭主事者是否为党员或村干部，Z_{i3}为小农户i的家庭主事者教育年限，小农户家庭主事者具有党员或村干部的身份，及其教育年限越长，对于信息的捕获能力越强，易于接受农业生产经营方式的创新，对于技术效率的提升具有促进作用。Z_{i4}代表小农户i是否在城镇购买商业住房，若小农户家庭在城镇拥有商业住房，其家庭成员在城镇具有稳定的工作，在农业生产方面的用心程度减少，对技术效率产生抑制作用。Z_{i5}为小农户i的农业纯收入，小农户家庭的农业纯收入越多代表其对家庭的效用越大，小农户会更加重视农业生产经营活动，因此，促进了技术效率的提升。Z_{i6}为小农户i中的家庭劳动力数量，小农户家庭劳动力数量越多，在农业生产中可投入的劳动力资源相对丰富，增加了对土地的照料程度，对技术效率的提升具有促进作用。Z_{i7}为小农户i经营土地的肥力情况，作物生长所需的养分主要来源于土地要素，因此，土地的肥力情况越优良，作物可以得到更好的生长，技术效率得以提升。Z_{i8}为小农户i经营土地块数，地块数量越多，土地的分布越细碎，抑制了机械作业效率的提升，从而抑制了技术效率的提升。W_i为随机误差项。

本章各变量的定义及描述性统计如表7－1所示。表7－2展示了调研样本农户的投入产出信息。

表7－1　　　　　　　变量定义及描述性统计（技术效率）

变量	变量说明	均值	标准差
Y	小麦亩均产出（千克）	515.559	57.659
X_1	亩均劳动力投入（工）	0.592	0.510
X_2	亩均农机服务费用投入（元）	129.521	33.172
X_3	亩均农资投入，包括种子、化肥、农药、灌溉等费用（元）	379.324	65.124
Z_1	是否组织化获取农业生产性服务（否＝0，是＝1）	0.294	0.456
Z_2	家庭主事者是否为党员或村干部（否＝0，是＝1）	0.136	0.344
Z_3	家庭主事者教育年限（年）	7.430	3.270
Z_4	是否在城镇购买商业住房（否＝0，是＝1）	0.133	0.340
Z_5	农业纯收入（万元）	0.759	0.532
Z_6	劳动力数量（人）	2.483	1.289
Z_7	经营土地的肥力（非常贫瘠＝1，贫瘠＝2，一般＝3，肥沃＝4，非常肥沃＝5）	3.619	0.789
Z_8	经营地块数（块）	1.682	1.351

表 7 - 2　　　　　　　　　　样本农户投入产出信息

组别	样本量（户）	亩均产出（千克）	种植面积（亩）	亩均劳动力投入（工）	亩均农机服务投入（元）	亩均农资投入（元）
总体	286	515.559	8.393	0.592	129.521	379.324
——分散小农户	202	501.733	8.605	0.833	149.282	362.383
——组织化小农户（村级代理托管）	84	548.810	7.833	0.010	82.000	420.062

注：小农户组织化获取农业生产性服务时，农资的获取也是服务的一部分。村级代理托管模式下，农业服务主体向小农户提供种子、化肥、农药等农资服务供给时，会免费配套相应的播种、施肥、飞防作业等农机服务，但是价格也会相应提升，这就造成了"亩均农机服务投入"偏低，而"亩均农资投入"偏高的情况。

7.2.3　实证结果与分析

在实证分析之前，利用似然比检验（LR test）方法对随机前沿生产函数模型进行适宜性检验，来判断技术无效率项 TE_i 是否存在。参考科埃利（Coelli，1995）的研究，将原假设设定为：$H_0 = \delta_0 = \delta_1 = \cdots = \delta_8 = 0$，表示在小麦亩均产出中没有技术无效率项。在检验结果中，p 值为 0.000，在 1% 的水平上拒绝原假设，这说明在小麦亩均产出中，存在着技术无效率项，技术效率的估计是有效的。另外，在随机前沿生产函数模型中的 p 值为 0.000，表示所建立的超越对数随机前沿生产函数模型是适用的（见表 7 - 3）。

表 7 - 3　　　　　超越对数随机前沿生产函数模型估计结果

变量	系数	标准误
亩均劳动力投入（对数）	0.887	0.836
亩均农机服务费用投入（对数）	- 1.709	3.337
亩均农资投入（对数）	2.370	2.124
亩均劳动力投入（对数）二次项	0.073 *	0.037
亩均农机服务费用投入（对数）二次项	0.353	0.438
亩均农资投入（对数）二次项	- 0.354	0.243

续表

变量	系数	标准误
亩均劳动力投入（对数）×亩均农机服务费用投入（对数）	− 0.289 **	0.120
亩均劳动力投入（对数）×亩均农资投入（对数）	0.095	0.079
亩均农机服务费用投入（对数）×亩均农资投入（对数）	− 0.068	0.321
常数项	4.659	13.092
对数似然值	259.649	
Prob > chi2	0.000	
观测值	286	

注：表中亩均劳动力投入是在原有数值上加 1 的标准化处理数据；* 、** 表示在 10%、5% 的显著水平上显著。

如表 7 - 4 和表 7 - 5 所示，样本农户小麦生产技术效率的平均水平为 0.893，最小值为 0.647，最大值为 0.986。当前小农户的小麦生产还存在 10.7% 的技术效率损失，如果在农业生产经营中现有资源可以得到更为优化合理的配置，经营管理水平可以持续提高，小麦生产的技术效率水平可得到进一步的提升。

表 7 - 4　　　　　　　　　　小麦生产技术效率测算结果

组别	样本量（户）	平均值	最小值	最大值	标准差
总体	286	0.893	0.647	0.986	0.074
——分散小农户	202	0.879	0.647	0.986	0.084
——组织化小农户（村级代理托管）	84	0.926	0.851	0.950	0.018

表 7 - 5　　　　　　　　　　小麦生产技术效率值的频率分布

技术效率	组织化（村级代理托管）		分散化	
	户数	组内占比（%）	户数	组内占比（%）
<0.7	0	0	5	2.48
0.7 ~ 0.8	0	0	32	15.84
0.8 ~ 0.9	7	8.33	64	31.68
0.9 ~ 0.95	77	91.67	60	29.70
>0.95	0	0	41	20.30
样本数	84	—	202	—

分组别来看，分散化获取农业生产性服务时，小麦生产的技术效率均值为 0.879，最小值为 0.647，最大值为 0.986，技术效率的频率分布较为平均；组织化（村级代理托管）获取农业生产性服务时，小麦生产的技术效率均值为 0.926，最小值为 0.851，最大值为 0.950，技术效率的差异不大，其频率分布主要集中在 0.9 ~ 0.95。从小麦生产技术效率的平均值来看，小农户组织化获取农业生产性服务的方式比分散化的小农户高 5.35%，但是这在统计学上并不具有意义，还需进一步进行实证检验。

如表 7 - 6 所示，在影响小麦生产技术效率因素方面，本书的关键变量——是否组织化获取农业生产性服务，对小麦生产技术效率有显著的正向影响，影响效应在 1% 的显著水平上显著，说明小农户组织化获取农业生产性服务有助于提高小麦生产技术效率，假说 7.1 得到验证。在其他影响因素方面，小农户家庭主事者的教育年限对小麦生产技术效率有显著的正向影响，在 10% 的显著水平上显著，表明家庭主事者受教育水平越高，易于获取农业生产的最新信息，并易于接受新的生产方式和生产技术，因此小麦生产技术效率越高。小农户在城镇购买商业住房对小麦生产技术效率的影响在 5% 的显著水平上显著为负，可能的原因是，当小农户在城镇拥有商业住房时，在城镇工作并生活，对土地的经营和照料程度下降，导致小麦生产技术效率降低。此外，小农户经营的土地越肥沃，农作物可获取的营养物质越丰富，农作物生长所必需的养分来源越充足，小麦生产技术效率越高，在 1% 的显著水平上显著。小农户拥有的地块数量在 5% 的显著水平上显著负向影响小麦生产技术效率，地块数量越多意味着土地分布越零散，不利于机械作业的效率提高，从而抑制了小麦生产技术效率的提升。

表 7 - 6　　　　小麦生产技术效率影响因素 Tobit 模型回归结果

变量	系数	标准误
小农户组织化获取农业生产性服务	0.032 ***	0.010
家庭主事者是党员或村干部	0.019	0.012
家庭主事者教育年限	0.002 *	0.001
在城镇购买商业住房	- 0.028 **	0.012
农业纯收入	0.006	0.009

续表

变量	系数	标准误
劳动力数量	0.005	0.003
经营土地的肥力	0.022***	0.005
地块数	− 0.008**	0.004
常数项	0.782***	0.023
对数似然值	370.061	
Prob > chi2	0.000	
观测值	286	

注：*、**、*** 表示在10%、5%、1%的显著水平上显著。

7.3 小农户组织化获取农业生产性服务对土地生产率的影响分析

7.3.1 理论分析与研究假说

　　小农户分散获取农业生产性服务时，在耕地、收割等劳动强度较大的生产环节都选择向外部购买服务的方式来完成，寻找服务主体，进行服务交易，监督服务实施等各项事宜都由一家一户的小农户单独完成。在喷洒农药、施肥、晾晒等劳动强度较小的生产环节仍由小农户自身付出一定的劳动力来完成。通过组织化的方式获取农业生产性服务时，小农户统一与村级合作组织签订服务协议，在耕地、播种、收割等劳动强度较大的生产环节无须亲自购买农业生产性服务，也无须对服务进行监督；在施肥、喷洒农药等劳动强度较小的生产环节，小农户也无须自身付出劳动力去完成作业。因此，小农户组织化获取农业生产性服务后，解放了大量的劳动力，使其摆脱了农业生产的束缚，促进了非农劳动力向城镇的转移。当小农户的家庭劳动力在城镇有稳定的工作和收入来源后，在农业生产方面投入的精力有所减少，对土地的照料程度有所减弱，影响了小麦的土地生产率。

　　从劳动要素的视角来看，当小农户分散化获取农业生产性服务时，施肥、喷洒农药、晾晒等生产环节基本全部由小农户自身完成，为了获取更多的小麦产出，小农户往往不计自身的劳动成本，投入足够多的劳动力去完成农业生产作业。而当小农户组织化获取农业生产性服务时，所有的生产环节都委托村级合作组织统一经营和管理，小农户在农业生产付出的劳动力极少，所有生产环节都由农业机械设施来完成。与传统的精耕细作方式相比，减少了大量劳动力投入的机械化作业方式对土地经营管理的精细程度不足，影响了小麦的单产水平。

　　从机械要素的视角而言，小农户分散化获取农业生产性服务时，每家每户都是独立的生产单位，其地块面积小且分布较为分散，在获取农业生产性服务时，进行农业生产作业的机械马力及体积相对较小，以适应"小而散"的地块特征。当小农户加入组织获取农业生产性服务时，其地块已经被整合为具有一定规模的成方连片的土地，具备了规模化作业的基础，农业服务主体为了控制生产成本，一般会采用大马力的机械进行作业，与小马力机械相比，大马力机械的灵巧性和机动性较差，在作业的过程中会遗漏一些边角地带，进而影响到小麦的亩均产出水平。

　　因此，提出假说7.2：小农户组织化获取农业生产性服务对小麦的土地生产率具有抑制作用。

7.3.2　模型设定与变量选取

1. 模型设定

　　土地生产率，指在一定时期内（本书指一年）单位土地面积上所生产出的产品数量或产品价值。以亩均产量表示土地生产率时，劳动者、劳动对象、劳动工具等因素都会对土地生产率产生较大的影响，结合柯布—道格拉斯的生产函数，实证模型设定如下：

$$\ln Y_i = \beta_0 + \beta_1 \ln X_{i4} + \beta_2 \ln(X_{i5}+1) + \beta_3 \ln X_{i6} + \beta_4 Z_{i1} + \beta_5 Z_{i2}$$
$$+ \beta_6 Z_{i3} + \beta_7 Z_{i4} + \beta_8 Z_{i5} + \beta_9 Z_{i6} + \beta_{10} Z_{i7} + \beta_{11} Z_{i8} + S \quad\quad (7.6)$$

2. 变量选取

式（7.6）中，Y_i 为小农户 i 小麦的亩均产量，表示土地生产率；X_{i4}、X_{i5}、X_{i6} 为农业投入要素，X_{i4} 表示小农户 i 的土地投入（亩），X_{i5} 表示小农户 i 的劳动力投入（工），在组织化获取农业生产性服务时，大多数小农户在小麦生产过程中仅依靠购买农业生产性服务来完成农业生产作业，自身不投入任何劳动力在其中，因而劳动力投入为 0，在生产函数模型中无法获得其对数，因此，参照王兰芳和王苏生（2010）的数据处理方法，在生产函数模型中将劳动力投入这一变量在原值的基础上进行加 1 的标准化处理，X_{i6} 表示小农户 i 的资本投入（元），包括农业生产性服务费用投入和种子、农药、化肥、灌溉等农资投入（元）。

Z_{i1} 是本书关注的核心变量，即小农户 i 是否组织化获取农业生产性服务。小农户加入组织获取农业生产性服务指在村集体的主导下，小农户与村集体通过缔结正式契约的方式，构建合作关系，统一与外部市场对接，获取农业生产性服务（即小农户通过组织化的形式来统一获取农业生产性服务）。组织化获取农业生产性服务时，在村集体协调下，小农户在农业生产的各个环节（耕、种、管、收等）达成一致，实行统一的农业生产经营方式，且在农业生产的各个环节均通过对外购买农业生产性服务的方式来完成。与之相对应，小农户分散化获取农业生产性服务时，从农资购买到田间管理，再到最后的农产品销售，农业生产的各个环节均由自身做独立的决策，一般而言，在整地、收割等劳动强度较大的生产环节，小农户都选择了向外部获取农业生产性服务的方式来完成作业（但获取的形式是分散、细碎的），而在病虫害防治、施肥、晾晒谷物等方面大部分小农户仍由自身的劳动力完成。

Z_{i2} 为小农户 i 的家庭主事者是否为党员或村干部，Z_{i3} 为小农户 i 的家庭主事者教育年限，小农户家庭主事者具有党员或村干部的身份，会更多地参与村庄的治理及决策过程，更加了解农业生产方面的各种最新的信息，小农户家庭主事者的教育年限越长，其知识的储备情况更为丰富，对于信息的捕获及理解能力较强，能够运用较为合理的方式进行农业生产经营并在其中合理分配各项资源，从而促进了土地生产率的提高。Z_{i4} 代表小

农户 i 是否在城镇购买商业住房,若小农户家庭在城镇拥有商业住房,其家庭成员一般在城镇工作和生活,在农业生产经营中投入的精力减少,影响了土地生产率的提升。Z_{i5} 为小农户 i 的农业纯收入,小农户家庭的农业纯收入越多,对家庭的效用也就越大,小农户对农作物产量的关注程度随之提高,这对于土地生产率的提升具有促进作用。Z_{i6} 为小农户 i 中家庭劳动力数量,小农户家庭劳动力数量越多,其在农业生产经营中可分配的劳动力资源就越为丰富,对于农作物的照料程度也就越高,促进了土地生产率的提升。Z_{i7} 为小农户 i 经营土地的肥力情况,农作物生长所需的营养成分主要源于土壤,因此,土地要素的肥沃程度对农作物的亩均产出具有较大的影响,土地肥力情况越优良,土地生产率越高。Z_{i8} 为小农户 i 经营土地块数,地块数量越多,意味着土地的分布程度更为细碎,抑制了先进技术及机械设备的使用,不利于土地生产率的提升,S 为随机误差项。

如果 β_4 显著大于 0 成立,则表示小农户组织化获取农业生产性服务与小麦的土地生产率正相关;如果 β_4 在统计上不显著异于 0,则表明小农户组织化获取农业生产性服务与小麦的土地生产率之间不存在明显相关关系。

变量的描述性统计如表 7-7 所示。

表 7-7　　　　　　　　变量定义及描述性统计(土地生产率)

变量		变量定义	全样本	分散化	组织化(村级代理托管)
因变量					
	小麦亩均产出	千克	515.559	501.733	548.810
自变量					
1. 生产要素	小麦种植面积	亩	8.393	8.605	7.883
	劳动力总投入	工	4.038	5.676	0.101
	资本总投入,包括种子、化肥、农药等农资投入和农业生产性服务费用投入	元	4251.069	4373.040	3957.756
2. 关键变量	组织化获取农业生产性服务	否 =0,是 =1	0.294	0	1

续表

变量		变量定义	全样本	分散化	组织化（村级代理托管）
3. 家庭主事者特征	党员或村干部	否 =0，是 =1	0.136	0.149	0.107
	教育年限	年	7.430	7.366	7.583
4. 家庭特征	是否在城镇购买商业住房	否 =0，是 =1	0.133	0.134	0.131
	农业纯收入	万元	0.759	0.698	0.905
	劳动力数量	人	2.483	2.347	2.810
5. 耕地特征	经营土地的肥力	非常贫瘠 =1，贫瘠 =2，一般 =3，肥沃 =4，非常肥沃 =5	3.619	3.569	3.738
	地块数	块	1.682	1.965	1.000

7.3.3　实证结果与分析

表 7-8 展示了小麦土地生产率回归结果。

表 7-8　　　　　　　　　小麦土地生产率回归结果

变量	系数	标准误
小麦种植面积（对数）	0.110 **	0.053
劳动力总投入（对数）	-0.080 ***	0.025
资本总投入（对数）	-0.131 **	0.051
小农户组织化获取农业生产性服务	-0.077 *	0.045
家庭主事者是党员或村干部	0.025	0.018
家庭主事者教育年限	0.004 **	0.002
在城镇有商业住房	-0.046 **	0.018
农业纯收入	0.064 ***	0.023
劳动力数量	0.009 *	0.005
经营土地的肥力	0.039 ***	0.008
地块数	-0.010 *	0.006
常数项	7.005	0.313
Prob > F	0.000	
观测值	286	

注：表中劳动力总投入是在原有数值上加 1 的标准化处理数据；*、**、*** 表示在 10%、5%、1% 的显著水平上显著。

1. 农业生产要素对土地生产率的影响

从农业生产要素的投入角度来看，小麦种植面积对土地生产率有正向影响，而劳动力投入和资本总投入对小麦的土地生产率有负向影响，可能的原因是在小麦的生产过程中，存在劳动力投入和资本投入过度的问题，导致其对土地生产率产生了抑制作用。

2. 组织化获取农业生产性服务对土地生产率的影响

小农户组织化获取农业生产性服务与小麦的土地生产率呈显著的负向关系，在1%的显著水平上显著，假说7.2得到验证。

3. 家庭主事者特征对土地生产率的影响

家庭主事者有党员或村干部的身份，以及家庭主事者的受教育年限越长，小麦的土地生产率越高，表明家庭主事者知识储备越好、人文素养越高，其捕获各种信息的能力越强，可以更为合理地安排各项生产要素的投入，小麦的土地生产率越高。其中，家庭主事者受教育年限在5%的显著水平上显著，而家庭主事者具有党员或村干部的身份对小麦土地生产率的影响不显著。

4. 家庭特征对土地生产率的影响

小农户在城镇购买商业住房负向影响小麦的土地生产率，此影响在5%的显著水平上显著。可能的原因是，小农户在城镇购买商业住房后，在城镇有稳定的工作和生活，对土地的照料程度下降，影响了小麦土地生产率的提高。农业纯收入对小麦的土地生产率具有显著的正向影响，在1%的显著水平上显著。农业纯收入越高，说明其对小农户家庭收入的重要性越强，小农户更加重视农业生产给家庭带来的收入来源，因此会带动小麦土地生产率的提高。小农户的家庭劳动力数量正向影响小麦的土地生产率，在10%的显著水平上显著，小农户家庭劳动力数量越多，劳动力资源相对丰富，可以统筹安排更多的劳动力去照料土地，促进了小麦土地生产率的提高。

5. 耕地特征对土地生产率的影响

小农户经营土地的肥力对小麦的土地生产率有显著的正向影响，其经营的土地肥沃程度越高，小麦的土地生产率越高，在1%的显著水平上显著。土壤为植物生长提供了必要的养分，如有机物质、水分等，是植物生长的基础，因此土地越肥沃，小麦所能汲取所需的养分越丰富，促进了产量的提高，有效提升了小麦的土地生产率。小农户所拥有的地块数对小麦的土地生产率有显著的负向影响，在10%的显著水平上显著。可能的原因是，地块数量越多，耕地的细碎程度越高，不利于先进机械设备和技术的应用，导致了对小麦土地生产率的抑制作用。

7.4 本章小结

本章以三大粮食作物之一的小麦为研究对象，主要分析了小农户组织化获取农业生产性服务对小麦生产的技术效率及土地生产率的影响，因土地入社托管模式下，实际经营者为合作社，小农户在投入产出方面与合作社保持一致，不能体现小农户的生产效率情况，因此将其剔除，本章小农户组织化仅指村级代理托管组织模式下的小农户。

首先对生产效率的分类及特征进行了阐释，选取效率层面的技术效率及生产率层面的土地生产率效率进行分析。在技术效率的研究中，在理论上，从地块规模与集中连片条件差异、农业基础设施差异、技术选用和采纳程度差异、交易成本差异四个方面探讨了小农户组织化获取农业生产性服务对小麦生产技术效率的影响机理；在实证上，利用博兴县的农户调研数据，通过构建随机前沿生产函数模型（SFA）对研究假设进行验证。在土地生产率的研究中，理论上从劳动要素和机械要素的角度分析小农户组织化获取农业生产性服务对小麦土地生产率的影响；实证上以博兴县的农户调研数据为基础，利用基于 C－D 生产函数的普通最小二乘法（OLS）考察小农户组织化获取农业生产性服务对小麦土地生产率的影响效应。

研究发现：（1）小农户组织化获取农业生产性服务能够显著提升小麦

生产的技术效率，家庭主事者教育年限、经营土地的肥力情况均可显著正向影响小麦生产的技术效率；在城镇购买商业住房、地块数量对小麦生产的技术效率呈显著的负向影响。(2) 小农户组织化获取农业生产性服务显著抑制了小麦土地生产率的提升，在城镇购买商业住房、地块数量对小麦的土地生产率产生显著的负向影响，而家庭主事者教育年限、农业纯收入和家庭劳动力数量则显著正向影响小麦的土地生产率。

第 8 章

研究结论与政策建议

　　本书基于"农业生产性服务的发展—小农户组织化获取农业生产性服务的演进逻辑—小农户组织化获取农业生产性服务的制度创新—小农户组织化获取农业生产性服务的影响因素—小农户组织化获取农业生产性服务对农业经营绩效的影响效应"的逻辑主线，构建分析框架，探究小农户组织化获取农业生产性服务的演进逻辑，并对山东省滨州市博兴县小农户组织化获取农业生产性服务的实践情况及制度创新过程进行总结与梳理。实证上，利用笔者于 2019 年在博兴县的农户调研数据，首先考察了小农户组织化获取农业生产性服务的影响因素，在此基础上，考察了小农户组织化获取农业生产性服务对农民收入（农业纯收入、非农收入、家庭人均总收入）和农业生产效率（技术效率、土地生产率）的影响效应。本章在对前文的研究进行总结的基础上，提出相应的结论和政策建议。

8.1 研究结论

　　第一，在小农户组织化获取农业生产性服务的进程中，村集体上联农业服务主体，下联小农户，发挥了重要的组织协调作用，在村集体的主导下，小农户通过组织化的方式获取农业生产性服务可以有效破解其与农业生产现代化之间的互斥性局面，提高了小农户的市场地位，实现了土地要素及服务需求的统一与整合，降低了交易成本与生产成本，促进了现代生产技术和装备的有效利用，是小农户与现代农业有效衔接的重要方式之一。

第二，在推进小农户组织化获取农业生产性服务的过程中，根据村民意愿和村庄内外条件，开展与之相匹配的小农户组织化模式。在博兴县的实践中，村级代理托管模式和土地入社托管模式是小农户组织化获取农业生产性服务的两种主要组织模式，二者之间既有相同之处，亦有差异所在，在具体的实施过程中，没有必要完全推广或依赖某一种特定的模式，根据村庄发展特点和农户的真实愿望，在制度建设相对完善的前提下，有序构建与村落内外条件相协调的组织化发展模式。

第三，在博兴县小农户组织化获取农业生产性服务的制度创新中，外部环境变化和相关利益主体的集体行动，共同推动了制度创新的实现。在外部环境变化中，土地流转的进一步发展受阻、农业生产性服务的供需不匹配、农业生产技术的进步与革新、政策导向的带动与引领使得外部利润不断积聚，以致现行的制度安排出现不均衡的状态，产生了对农业生产性服务的创新需求；博兴县政府、农业服务主体、村集体、小农户四大行为主体根据自身的目标函数，对利益联结机制进行重构，达成了集体行动，实现了各自的预期收益，推动了小农户组织化获取农业生产性服务这一农业经营形式的创新，使得制度安排达到新的均衡状态。在此过程中，通过组织化、规模化、现代化的经营方式破解了农业生产中"谁来种地、怎样种地"的难题，并降低了交易成本和种粮成本，各行为主体也实现了各自的利益目标。

第四，在小农户组织化获取农业生产性服务的影响因素中，村集体因统筹协调作用的发挥，对小农户的组织化进程产生了重要影响，村集体在组织建设及发展方面的带动作用对于小农户加入组织获取农业生产性服务具有显著的促进作用；而小农户若具有从事农业生产经营的意愿，以及农业收入占比越高，其对农业生产经营的重视程度随之提升，更倾向于保有农业生产经营的决策权，抑制了小农户通过组织化的方式来获取农业生产性服务的决策行为。

第五，组织化获取农业生产性服务可以显著提高小农户的非农收入和家庭人均总收入，不同的组织模式对农业纯收入的影响具有差异。组织化的服务获取方式缓解了农业生产对劳动力的束缚，促进了小农户家庭劳动力的非农转移，推动了小农户非农收入的提升。相较于农业收入而言，非农收入对小农户家庭收入的提升效应更为显著，因而促进了小农户家庭人均总收入的提升。在村级代理托管模式下，小农户拥有完整的剩余索取权，可以获得全部的农业收益，小农户因此可享受生产成本、交易成本降低，农产品售价提高所带来的红利，从而有助于其农业纯收入的增加；而在土地入社托管模式下，小农户仅保有部分剩余索取权，获取农业生产经营的部分收益（保底 + 分红），对小农户农业纯收入的提升具有抑制作用。

第六，小农户组织化获取农业生产性服务对小麦生产的技术效率具有显著的促进作用，而对小麦土地生产率的影响作用则相反。小农户组织化获取农业生产性服务时，其地块规模及连片条件、农业基础设施、技术采纳程度、交易成本等方面得到优化，促进了技术效率的提升；而劳动力投入的减少及大型机械机动性的不足，使得农业生产经营方式相对粗放，抑制了小麦土地生产率的提升。

总而言之，村集体在组织建设及发展方面的带动作用对小农户选择加入组织获取农业生产性服务的行为决策起到显著的促进作用，小农户组织化获取农业生产性服务有利于农业的规模化和现代化发展，对农民收入的提高和小麦生产技术效率的提升具有积极的正向影响。研究结论将为丰富我国农业生产经营体系、促进小农户与现代农业发展有机衔接提供新的实践方法与研究证据，为提高农民收入、提升农业生产效率提供经验借鉴，为稳定国家粮食安全、实施乡村振兴战略提供理论依据。

8.2 政策建议

党的十九大以来，小农户与现代农业的协调与有机发展成为了我国农业领域的一项重要研究课题，在农业生产方式转型、提高农业综合竞争力、带动农民收入提高的背景下，深入理解小农户组织化获取农业生产性服务的演进逻辑、影响因素及其对农业经营绩效的影响，对于优化农业生产方式、实现小农户生产的现代化、提高农民收入、提升农业生产效率具有重要的政策含义。围绕本书的研究结论，从提升小农户组织化程度、加强村级组织建设、强化农业服务主体建设、因地制宜推进多种组织化方式发展这四个角度提出政策建议。

8.2.1　提升小农户组织化程度

在当前农业生产技术水平下，小农户组织化获取农业生产性服务可以降低农业生产性服务供需双方的交易成本，且有利于农业服务主体提供规模化和科技化的服务，提高了农业生产的技术效率；同时，组织化获取农业生产性服务的方式也有利于进一步释放农村劳动力，促进其非农转移，增加非农工资性收入，带动了家庭收入的提高，是小农户对接农业生产现代化的有效途径。

1. 深化不同层次的多种组织合作方式

在农业生产现阶段，组织化是实现小农户与农业生产现代化有效对接的重要方式。在组织合作的开展过程中，应根据各地不尽相同的资源条件、生产品种、发展水平等因素，因地制宜开展小农户之间在不同方面的组织与合作。资源利用层面，以入社、托管、生产环节外包等形式集中土地，统一技术，联合生产。生产层面，通过农机共享、农资统购等方法降低农业生产成本。营销层面，通过统一销售、统一加工等方式降低农产品交易成本、稳定销售渠道。组织形式方面，开展"小农户 + 合作社 + 农业服务主体""小农户 + 合作社 + 合作社自办加工企业""小农户 + 村集体 + 农业服务主体""小农户 + 村集体 + 农业产业化企业"等多种合作、联合的组织模式，使小农户不断融入大市场。

2. 深化不同生产环节的组织合作

在小农户仍是我国最主要的生产经营主体的农情下，小农户之间有效的组织联结和协作合营是实现"统分结合"的有效方式之一。在产前环节，小农户可以通过农业生产资料的统一购买、土地要素的统一整理，实现组织合作；在产中环节，以共同利益为纽带，小农户之间可以对服务需求进行整合与统一，共同获取及时且质量较高的农业生产性服务；在产后环节，小农户可将所生产的农产品进行统一联合销售，减少销售环节的"倒卖"频次，避免中间商的牟利行为，从而提升小农户的农业收入，此外，小农户还可以共同打造农产品品牌，与生鲜超市及互联网平台进行合作，实现小农户与"大市场"的直接对接。

8.2.2 加强村级组织建设

由于地缘和血缘的关系，村集体在本村具有无可比拟的组织动员优势，村集体应充分发挥其统筹协调作用，通过建立村级种植合作社等方式积极引导小农户加入其中，进一步提升农民组织化程度。

1. 发挥村集体组织作用

通过实证分析发现，村集体在组织建设和发展方面的带动作用对小农户加入组织获取农业生产性服务的行为决策具有显著的正向影响。在"熟人社会"特征异常显著的农村地区，村集体本身就具有深厚的组织基础，仍具有较为完善的管理与组织体系，与村落内的小农户具有天然的地缘情感联结，是值得小农户信赖的利益共同体。村集体应充分发挥其统筹协调作用，通过建立村级种植合作社等方式积极引导小农户加入其中，推进小农户组织化的进程，为小农户与现代农业的有机融合提供发展前提。

2. 增强村集体"统"的职能

村集体是"统分结合"经营体制下"统"的主体，在农业生产经营中，需发挥其"统"的职能，解决一家一户小农户"不好解决"或"解决不了"的事情。村集体对组织内部的土地可以合理地分配与布局，在耕地数量维持稳定的前提下，尽量减少小农户所拥有的地块数量，为农业生产性服务的获取提供便利，同时，村集体可注入一定的资金用于基础设施的完善，如灌溉设施、农机作业道路的建设等。在村集体的统筹布局下，土地耕作条件和农业基础设施的改善为现代化农业生产要素的注入提供了前提条件，促进了小农户与农业生产现代化的有效对接。

3. 提高村集体工作积极性，深化村级组织建设

在新时代背景下的农业生产经营中，小农户继续从事农业生产经营的意愿显著降低，土地流转市场发展的不完善造成了流转主体匮乏的现象，导致了在农业生产中存在"谁来种地，怎样种地"的现实难题。在村庄内威望和信誉较高的村集体是村级组织建设的重要载体，为了深化村级组织的建设进程，相关政府部门可适当对推动组织化建设良好的村集体给予财政补贴，农业服务主体也可给予村集体适当的组织协调费用，一方面，用于增加村集体的收益，促进小农户组织化进程的可持续发展；另一方面，激发村集体在组织建设及后续发展的工作积极性。

8.2.3 强化农业服务主体建设

在小农户组织化获取农业生产性服务的过程中，农业服务主体承担了绝大部分农业生产经营的职责，其服务质量的好坏决定了农业生产效率的高低，同时也会影响小农户是否选择加入组织来获取农业生产性服务的行为决策。

1. 不断提升服务质量

农业服务主体为服务供给方，通过服务质量的提升，可以提高小农户对服务的满意程度，小农户组织化获取农业生产性服务的意愿也会因此得以提高。当农业服务主体与村级组织及小农户建立起良好的合作关系后，有利于服务主体为小农户稳定地提供农业生产性服务，减少年际变动，进而更加有效地配置农业生产资料，调配农业机械设备等，从而带动农业生产效率的提高。此外，相关部门可在农机购置、农业新技术推广等方面给予适当的补贴，同时，为农业机械的放置，以及作物烘干和仓储设备的安置提供相关土地指标，增强其现代化的服务质量和能力，在带动小农户与现代农业协同发展方面发挥更大的作用。

2. 密切与村级组织的联系

小农户对于村级组织的信任程度明显高于农业服务主体，因此，小农户与村级组织在农业生产性服务对接上的顺畅程度要优于其直接与农业服务主体对接。农业服务主体通过村级组织为小农户提供农业生产性服务也可以降低信息搜寻、讨价还价、谈判签约等交易成本。村级组织在连接小农户与农业服务主体方面起到了良好的"桥梁"作用。农业服务主体通过加强与村级组织的联系，向村级组织支付组织协调费用等方式，可以较好地调动其组织积极性，将小农户分散、零碎的农业生产性服务需求进行整合，从而以统一化和规模化的方式与农业服务主体对接。

3. 加强农地的精细化管理

规模化的服务供给虽然带来了规模效应，但也会因此带来规模不经济的负向影响，比如因相对粗放式的农业生产作业带来的对土地生产率的负向影响。因此，作为农业生产性服务的供给方，农业服务主体应根据不同的地块、地形特征，配置不同型号的农业机械设备，在控制成本的前提下，实现对农地的精细化作业。同时，设立相应的奖惩机制，来激励农业服务主体在农业生产性服务供给的过程中更加用心、负责，避免规模经营所带来的负面影响。

8.2.4 因地制宜推进多种组织化方式发展

我国幅员辽阔，各地域间的发展水平及发展状况也不尽相同，农作物种类及种植结构也有差别。因此，应根据不同地域的不同发展状况及不同作物的不同自然属性，制定适合本地区发展的小农户组织化方式。

1. 根据不同地区的发展情况差异，确定小农户组织化获取农业生产性服务的方式

有些地区大部分小农户已经完全转移到城镇工作和生活，无心从事农业生产经营活动，土地入社托管模式对劳动力的释放作用更为显著，使小农户的家庭劳动力可以安心在外工作，更能满足此类小农户的需求。同时，在一些地区中，存有留守老人的小农户比例较高，他们愿意继续从事农业生产经营活动，存有"恋农"情结，此时，村级代理托管模式可以较好地满足他们的需求，在保有土地经营权和收益权的前提下，小农户的闲散劳动力可以得到利用的同时，通过组织化的方式获取农业生产性服务也为其注入了更多的现代化生产要素，促进了小农户与现代农业的有机衔接。

2. 根据不同农作物的属性，针对性地明确具体的组织化方式

不同农作物在生长季节、生长周期、生长环境、生产环节等方面都是存在差异的，因此，不同农作物间的农业生产性服务需求也存在一定的差别。根据不同农作物之间不同的农业生产性服务需求，针对性地实施不同的组织化方式来带动小农户对接农业生产现代化，是较为可行的实施方案。

参 考 文 献

[1] 阿林·杨格，贾根良．报酬递增与经济进步 [J]．经济社会体制比较，1996（2）：52-57．

[2] 奥尔森．集体行动的逻辑 [M]．上海：上海人民出版社，1995．

[3] 博兴县统计局．2018 年博兴县国民经济和社会发展统计公报 [EB/OL]．（2019-05-08）．http：//www.boxing.gov.cn．

[4] 不列颠百科全书公司．不列颠简明百科全书 [M]．北京：中国大百科全书出版社，2005．

[5] 布罗姆利．经济利益与经济制度——公共政策的理论基础 [M]．上海：上海人民出版社，1996．

[6] 蔡海龙．农业产业化经营组织形式及其创新路径 [J]．中国农村经济，2013（11）：4-11．

[7] 蔡键，唐忠．华北平原农业机械化发展及其服务市场形成 [J]．改革，2016（10）：65-72．

[8] 蔡荣，蔡书凯．农业生产环节外包实证研究——基于安徽省水稻主产区的调查 [J]．农业技术经济，2014（4）：34-42．

[9] 曹利群，周立群．对"市场+农户"的理论研究 [J]．中国农村观察，2005（3）：2-8．

[10] 曹阳．多元化组织、市场化网络、组织共生——当代中国农业生产组织现代化基本模式探析 [J]．求索，2010（11）：5-7．

[11] 常明杰．困境与进路：小农户生产向现代农业转型的衔接机制探索——新时代中国小农户的出路何在 [J]．新疆社会科学，2020（2）：36-44．

[12] 陈超，李寅秋，廖西元．水稻生产环节外包的生产率效应分

析——基于江苏省三县的面板数据 [J]. 中国农村经济, 2012 (2): 86 -96.

[13] 陈飞, 翟伟娟. 农户行为视角下农地流转诱因及其福利效应研究 [J]. 经济研究, 2015 (10): 163 -177.

[14] 陈航英. 小农户与现代农业发展有机衔接——基于组织化的小农户与具有社会基础的现代农业 [J]. 南京农业大学学报 (社会科学版), 2019, 19 (2): 10 -19.

[15] 陈宏伟, 穆月英. 农业生产性服务的农户增收效应研究——基于内生转换模型的实证 [J]. 农业现代化研究, 2019, 40 (3): 403 -411.

[16] 陈靖, 冯小. 农业转型的社区动力及村社治理机制——基于陕西 D 县河滩村冬枣产业规模化的考察 [J]. 中国农村观察, 2019 (1): 2 -14.

[17] 陈军民. 农业生产性服务对河南省农业及农民收入影响的实证分析 [J]. 农业经济与科技, 2013, 24 (7): 34 -35 +41.

[18] 陈文浩, 谢琳. 农业纵向分工: 服务外包的影响因子测度——基于专家问卷的定量评估 [J]. 华中农业大学学报 (社会科学版), 2015 (2): 17 -24.

[19] 陈学法, 王传彬. 论企业与农户间利益联结机制的变迁 [J]. 理论探讨, 2010 (1): 83 -86.

[20] 陈咏媛. 新中国 70 年农村劳动力非农化转移: 回顾与展望 [J]. 北京工业大学学报 (社会科学版), 2019 (4): 18 -28.

[21] 陈雨露, 马勇, 杨栋. 农户类型变迁中的资本机制: 假说与实证 [J]. 金融研究, 2009 (4): 52 -62.

[22] 程大中. 中国生产性服务业的水平、结构及影响——基于投入—产出法的国际比较研究 [J]. 经济研究, 2008 (1): 76 -88.

[23] 程久苗. 农地流转中村集体的角色定位与 "三权" 权能完善 [J]. 农业经济问题, 2020 (4): 58 -65.

[24] 戴维斯, 诺斯. 制度变迁与美国经济增长 [M]. 上海: 格致出版社, 2019.

[25] 德·希·铂金斯. 中国农业的发展 [M]. 宋海文, 等译. 上海：上海译文出版社, 1984.

[26] 邓衡山, 王文灿. 合作社的本质规定与现实检视——中国到底有没有真正的农民合作社 [J]. 中国农村经济, 2014 (7)：15 - 26.

[27] 丁娟. 技术进步：基于技术进步与制度变迁的分析 [D]. 上海：复旦大学, 2003.

[28] 董海军, 高飞. 承继与变迁：城市住房功能分析 [J]. 城市问题, 2008 (9)：2 - 6.

[29] 杜润生. 杜润生自述：中国农村集体变革重大决策纪实 [M]. 北京：人民出版社, 2005.

[30] 段培, 王礼力, 罗剑朝. 种植业技术密集环节外包的个体响应及影响因素研究——以河南和山西631户小麦种植户为例 [J]. 中国农村经济, 2017 (8)：29 - 44.

[31] 凡勃伦. 有闲阶级论 [M]. 蔡受百, 译. 北京：商务印书馆, 1964.

[32] 方福前. 当代西方经济学主要流派 [M]. 北京：中国人民大学出版社, 2004.

[33] 方松海, 王为农. 成本快速上升背景下的农业补贴政策研究 [J]. 管理世界, 2009 (9)：91 - 108.

[34] 费孝通. 江村经济 [M]. 北京：北京大学出版社, 2016.

[35] 高帆. 中国农村经济改革40年：实施逻辑与发展趋向 [J]. 求是学刊, 2018, 45 (5)：11 - 21.

[36] 高鸣, 宋洪远. 粮食生产技术效率的空间收敛及功能区差异——兼论技术扩散的空间涟漪效应 [J]. 管理世界, 2014 (7)：83 - 92.

[37] 高强, 孔祥智. 我国农业社会化服务体系演进轨迹与政策匹配：1978 - 2013 年 [J]. 改革, 2013 (4)：5 - 18.

[38] 高延雷, 张正岩, 王志刚. 农地转入、农户风险偏好与种植结构调整——基于CHFS微观数据的实证分析 [J]. 农业技术经济, 2021 (8)：66 - 80.

［39］耿羽. 我国小农户经营的合理性以及现代化路径研究［J］. 中共福建省委党校学报，2018（5）：66 - 71.

［40］龚道广. 农业社会化服务的一般理论及其对农户选择的应用分析［J］. 中国农村观察，2000（6）：25 - 34.

［41］郭利京，许玉贵. 农业微观经营主体再造——农业组织化［J］. 现代农业装备，2007（2）：62 - 64.

［42］郭强. 农村集体产权制度的创新过程解析与发展路径研究——以北京市为例［D］. 北京：中国农业大学，2014.

［43］郭庆海. 小农户：属性，类型，经营状态及其与现代农业衔接［J］. 农业经济问题，2018（6）：27 - 39.

［44］郭亚楠. 订单农业组织模式研究［J］. 商业经济，2018（8）：107 - 109.

［45］国彦兵. 新制度经济学［M］. 上海：立信会计出版社，2006.

［46］韩庆龄. 村社统筹：小农户与现代农业有机衔接的组织机制［J］. 南京农业大学学报（社会科学版），2020，20（3）：34 - 43.

［47］韩庆龄. 小农户经营与农业社会化服务的衔接困境——以山东省 M 县土地托管为例［J］. 南京农业大学学报（社会科学版），2019，19（2）：20 - 27.

［48］郝爱民. 农业生产性服务业对农业的外溢效应与条件研究［J］. 南方经济，2013（5）：38 - 48.

［49］郝爱民. 农业生产性服务业对农业的影响——基于省级面板数据的研究［J］. 财贸经济，2011（7）：97 - 102 + 136.

［50］郝爱民. 农业生产性服务业外溢效应和溢出渠道研究［J］. 中南财经政法大学学报，2013（6）：51 - 59.

［51］何慧丽，温铁军. 亟待从村庄层面突破小农困境［J］. 人民论坛，2014（7）：66 - 67.

［52］何金财，王文春. 关系与中国家庭财产差距——基于回归的夏普里值分解分析［J］. 中国农村经济，2016（5）：29 - 42.

［53］洪名勇，龚丽娟. 农地流转口头契约自我履约机制的实证研究［J］. 农业经济问题，2015（8）：13 - 20.

［54］胡华浪，郭君，曾宪玲．互换并地观察［J］．农村经营管理，2014（8）：32 – 33.

［55］胡新艳，朱文珏，罗锦涛．农业规模经营方式创新：从土地逻辑到分工逻辑［J］．江海学刊，2015（2）：75 – 82.

［56］胡雪枝，钟甫宁．农村人口老龄化对粮食生产的影响——基于农村固定观察点数据的分析［J］．中国农村经济，2012，（7）：29 – 39.

［57］胡祎，张正河．农机服务对小麦生产技术效率有影响吗？［J］．中国农村经济，2018（5）：68 – 83.

［58］黄慧芬．我国农业生产性服务业与现代农业发展［J］．农业经济，2011（10）：3 – 5.

［59］黄佩民，孙振玉，梁艳．农业社会化服务业与现代农业发展［J］．管理世界，1996（5）：181 – 188.

［60］黄宗智．农业合作化路径选择的两大盲点：东亚农业合作化历史经验的启示［J］．开放时代，2015（5）：18 – 35.

［61］黄宗智．长江三角洲小农家庭与乡村发展［M］．北京：中华书局，2000.

［62］黄宗智．中国过去和现在的基本经济单位：家庭还是个人？［J］．人民论坛·学术前沿，2012（1）：78 – 95.

［63］黄祖辉，鲁柏祥，刘东英，吕佳．中国超市经营生鲜农产品和供应链管理的思考［J］．商业经济与管理，2005，159（1）：9 – 13.

［64］黄祖辉，王祖锁．从不完全合约看农业产业化经营的组织方式［J］．农业经济问题，2002（3）：28 – 31.

［65］黄祖辉，张晓山，郭红东，等．现代农业的产业组织体系及创新研究［M］．北京：科学出版社，2019.

［66］冀名峰，李琳．关于加快发展农业生产性服务业的四个问题［J］．农村工作通讯，2019（8）：39 – 44.

［67］冀名峰．农业生产性服务业：我国农业现代化历史上的第三次动能［J］．农业经济问题，2018（3）：9 – 15.

［68］贾贵浩．城镇化进程中粮食安全问题及对策［J］．宏观经济管理，2014（8）：61 – 63.

[69] 贾晓栋. 农业比重下降与农民收入增长关系研究——基于 1990—2010 年中国经验数据分析 [D]. 西安：陕西师范大学，2012.

[70] 姜长云. 促进小农户和现代农业发展有机衔接是篇大文章 [J]. 中国发展观察，2018（3）：47-50.

[71] 姜长云. 关于农业发展农业生产性服务业的思考 [J]. 农业经济问题，2016（5）：8-15.

[72] 姜长云. 农业生产性服务业发展的模式、机制与政策研究 [J]. 经济研究参考，2011（51）：2-25.

[73] 蒋和平，蒋辉. 农业适度规模经营的实现路径研究 [J]. 农业经济与管理，2014（1）：5-11.

[74] 蒋永穆，高杰. 我国农业产业化经营组织的形成路径及动因分析 [J]. 探索，2012（3）：105-109.

[75] 焦长权，董磊明. 从"过密化"到"机械化"：中国农业机械化革命的历程，动力和影响（1980~2015年）[J]. 管理世界，2018（10）：173-190.

[76] 金福良，王璐，李谷成，等. 不同规模农户冬油菜生产技术效率及影响因素分析——基于随机前沿函数与1707个农户微观数据 [J]. 中国农业大学学报，2013，18（1）：210-217.

[77] 科斯，阿尔钦，诺斯，等. 财产权利与制度变迁——产权学派与新制度学派译文集 [M]. 上海：上海三联书店，1994.

[78] 孔祥智，楼栋，何安华. 建立新型农业社会化服务体系：必要性、模式选择和对策建议 [J]. 教学与研究，2012（1）：41-48.

[79] 乐章，许汉石. 小农组织化与农户组织参与程度研究 [J]. 中国人口·资源与环境，2011，21（1）：91-98.

[80] 李道和，陈江华. 农民专业合作社农户履约行为影响因素分析——基于江西省农户的调查 [J]. 农林经济管理学报，2015（2）：117-125.

[81] 李放，赵光. 现阶段农村养老保险制度能有效提高农民土地流转意愿吗？——来自江苏沭阳县30镇49村的初步证据 [J]. 南京农业大学（社会科学版），2012，12（4）：44-50.

[82] 李谷成，冯中朝，范丽霞. 小农户真的更加具有效率吗？——来自湖北省的经验证据 [J]. 经济学（季刊），2009，9（1）：95 – 124.

[83] 李谷成，李烨阳，周晓时. 农业机械化、劳动力转移与农民收入增长——孰因孰果？[J]. 中国农村经济，2018（11）：112 – 127.

[84] 李光宇. 论正式制度与非正式制度的差异与链接 [J]. 法制与社会发展，2009（3）：146 – 152.

[85] 李虹韦，钟涨宝. 熟人服务：小农户农业生产性服务的优先选择 [J]. 西北农林科技大学学报（社会科学版），2020，20（1）：121 – 127.

[86] 李霖，郭红东. 小农户集体行动研究文献综述——基于市场准入视角 [J]. 中国农村观察，2014（6）：82 – 91.

[87] 李宪宝，高强. 行为逻辑、分化结果与发展前景——对 1978 年以来中国农户分化行为的考察 [J]. 农业经济问题，2013（2）：56 – 65.

[88] 廖西元，申红芳，王志刚. 中国特色农业规模经营"三步走"战略——从"生产环节流转"到"经营权流转"再到"承包权流转"[J]. 农业经济问题，2011（12）：15 – 22.

[89] 林刚. 小农与中国古代社会的商品经济 [J]. 中国社会经济史研究，2017（4）：1 – 25.

[90] 林毅夫，沈明高. 我国农业技术变迁的一般经验和政策含义 [J]. 经济社会体制比较，1990（2）：10 – 18.

[91] 林毅夫. 制度、技术和中国农业发展 [M]. 上海：上海人民出版社，1994.

[92] 刘滨，陈池波，杜辉. 农民专业合作社绩效度量的实证分析——来自江西省 22 个样本合作社的数据 [J]. 农业经济问题，2009（2）：90 – 95.

[93] 刘超，朱满德，陈其兰. 农业机械化对我国粮食生产的影响：产出效应、结构效应和外溢效应 [J]. 农业现代化研究，2018（4）：591 – 600.

[94] 刘建中. 近代中国农业生产力的综合考察 [J]. 历史教学，1992（11）：22 – 26.

[95] 刘进，赵思诚，许庆．农民兼业行为对非农工资性收入的影响研究——来自 CFPS 的微观证据 [J]．财经研究，2017，43（12）：45 - 57.

[96] 刘强，杨万江．农户行为视角下农业生产性服务对土地规模经营的影响 [J]．中国农业大学学报，2019，21（9）：188 - 197.

[97] 刘强．中国水稻种植农户土地经营规模与绩效研究 [D]．杭州：浙江大学，2017.

[98] 刘守英，王宝锦．中国小农的特征与演变 [J]．社会科学战线，2020（1）：63 - 78.

[99] 刘守英，王瑞民．农业工业化与服务规模化：理论与经验 [J]．国际经济评论，2019（6）：9 - 23，4.

[100] 刘守英，熊雪锋．中国乡村治理的制度与秩序演变——一个国家治理视角的回顾与评论 [J]．农业经济问题，2018（9）：10 - 23.

[101] 刘守英．城乡中国的土地问题 [M]．北京大学学报（哲学社会科学版），2018，55（3）：79 - 93.

[102] 刘同山，牛立腾．农户分化、土地退出意愿与农民的选择偏好 [J]．中国人口·资源与环境，2014，24（6）：114 - 120.

[103] 卢现祥．新制度经济学 [M]．武汉：武汉大学出版社，2011.

[104] 芦千文，高鸣．农业生产性服务联结机制的演变与创新 [J]．华南农业大学学报（社会科学版），2019（6）：23 - 34.

[105] 芦千文，高鸣．中国农业生产性服务业支持政策的演变轨迹，框架与调整思路 [J]．南京农业大学学报（社会科学版），2020，20（5）：142 - 155.

[106] 芦千文，姜长云．我国农业生产性服务业的发展历程与经验启示 [J]．南京农业大学学报（社会科学版），2016，16（5）：104 - 115.

[107] 芦千文．中国农业生产性服务业：70 年发展回顾，演变逻辑与未来展望 [J]．经济学家，2019（11）：5 - 13.

[108] 鲁钊阳．农业生产性服务业发展对城乡收入差距的影响 [J]．南京社会科学，2012（2）：23 - 29.

[109] 罗必良，李孔岳，王京安，等．农业产业组织：演进、比较与创新 [M]．北京：中国经济出版社，2002.

[110] 罗必良. 论服务规模经营——从纵向分工到横向分工及连片专业化 [J]. 中国农村经济, 2017 (11)：2 - 16.

[111] 罗必良. 论农业分工的有限性及其政策含义 [J]. 贵州社会科学, 2008 (1)：80 - 87.

[112] 罗必良. 农地确权、交易含义与农业经营方式转型——科斯定理拓展与案例研究 [J]. 中国农村经济, 2016 (11)：2 - 16.

[113] 罗必良. 农业产业组织：一个解释模型及其实证分析 [J]. 制度经济学研究, 2005 (1)：59 - 70.

[114] 罗必良. 现代农业发展理论：逻辑线索与创新路径 [M]. 北京：中国农业出版社, 2009.

[115] 罗必良. 小农经营, 功能转换与策略选择——兼论小农户与现代农业融合发展的"第三条道路"[J]. 农业经济问题, 2020 (1)：31 - 49.

[116] 罗明忠, 陈江华. 农民合作社的生成逻辑——基于风险规避与技术扩散视角 [J]. 西北农林科技大学学报（社会科学版）, 2016, 16 (6)：43 - 49.

[117] 马克思, 恩格斯. 马克思恩格斯文集：第4卷 [M]. 北京：人民出版社, 2009.

[118] 马克思. 资本论：第1卷 [M]. 北京：人民出版社, 2004.

[119] 马克思. 资本论：第1卷 [M]. 上海：上海三联书店, 2009 (1867).

[120] 毛世平. 技术效率理论及其测度方法 [J]. 农业技术经济, 1998 (3)：37 - 41.

[121] 冒佩华, 徐骥. 农地制度、土地经营权流转与农民收入增长 [J]. 管理世界, 2015 (5)：63 - 74, 88.

[122] 牛若峰. 中国农业产业化经营的发展特点与方向 [J]. 中国农村经济, 2002 (5)：4 - 9.

[123] 潘劲. 中国农民专业合作社：数据背后的解读 [J]. 中国农村观察, 2011 (6)：2 - 11.

[124] 潘璐. 村集体为基础的农业组织化——小农户与现代农业有机衔接的一种路径 [J]. 中国农村经济, 2021 (1)：112 - 124.

［125］潘璐．"小农"思潮回顾及其当代论辩［J］．中国农业大学学报（社会科学版），2012（2）：34 - 48.

［126］彭代彦，吴翔．中国农业技术效率与全要素生产率研究——基于农村劳动力结构变化的视角［J］．经济学家，2013（9）：68 - 76.

［127］蒲丽娟．农户信任对土地流转及其价格影响研究［J］．价格理论与实践，2020（3）：48 - 51.

［128］恰亚诺夫．农民经济组织［M］．萧正洪，译．北京：中央编译出版社，1996.

［129］钱龙，洪名勇．非农就业、土地流转与农业生产效率变化：基于CFPS实证分析［J］．中国农村经济，2016（12）：2 - 16.

［130］钱忠好．非农就业是否必然导致农地流转——基于家庭内部分工的理论分析及其对中国农户兼业化的解释［J］．中国农村经济，2008（10）：13 - 21.

［131］邱海兰，唐超．农业生产性服务能否促进农民收入增长［J］．广东财经大学学报，2019（5）：102 - 114.

［132］屈冬玉．以信息化加快推进小农现代化［N］．人民日报，2017 - 06 - 05.

［133］饶旭鹏．国外农户经济理论研究评述［J］．江汉论坛，2011（4）：43 - 48.

［134］任辉，吴群．外部利润、产权界定与土地资源优化配置——成都市农村土地股份合作制改革的制度经济学解析［J］．地域研究与开发，2012，31（3）：155 - 158.

［135］阮文彪．安徽地方现代农业建设的基本思路与战略对策［J］．安徽农学通报，2008，14（1）：55 - 61.

［136］阮文彪．小农户和现代农业发展有机衔接——经验证据，突出矛盾与路径选择［J］．中国农村观察，2019（1）：15 - 32.

［137］尚雨．基于社会经济视角的农户土地流转影响因素与效率研究［D］．长沙：湖南农业大学，2012.

［138］邵爽，李琴，李大胜．资本下乡：进入模式选择及其影响因素［J］．华中农业大学学报（社会科学版），2018，137（5）：65 - 72，169.

[139] 盛洪．分工与交易 [M]．上海：三联书店上海分店、上海人民出版社，1994．

[140] 施祖法．实现小农户与现代农业发展有机衔接 [J]．人民周刊，2018 (4)：62 -63．

[141] 石智雷，王佳．外出务工经历与农村劳动力新技术获得 [J]．中南财经政法大学学报，2013 (2)：48 -56 +159．

[142] 史常亮．土地流转与农户内部收入差距：加剧还是缓解？[J]．经济与管理研究，2020，41 (12)：79 -92．

[143] 史君卿．我国主要粮食作物技术效率分析 [D]．北京：中国农业科学院，2010．

[144] 舒尔茨．改造传统农业 [M]．梁小民，译．北京：商务印书馆，2003．

[145] 司瑞石，陆迁，张强强，等．土地流转对农户生产社会化服务需求的影响——基于 PSM 模型的实证分析 [J]．资源科学，2018，40 (9)：1762 -1772．

[146] 斯密．国富论：上卷 [M]．北京：商务印书馆，2014．

[147] 斯密．国民财富的性质和原因的研究 [M]．郭大力，王亚南，译．北京：商务印书馆，1997．

[148] 宋冬林，谢文帅．实现小农户和现代农业发展有机衔接的政治经济学分析 [J]．经济学动态，2020 (12)：3 -14．

[149] 宋戈，吴次芳，王杨．城镇化发展与耕地保护关系研究 [J]．农业经济问题，2006 (1)：64 -67．

[150] 宋洪远．中国农村改革三十年 [M]．北京：中国农业出版社，2008．

[151] 宋任祥，岳美红，李乐兵，等．博兴县粮食生产"十统一"的实践与创新 [J]．基层农技推广，2015，3 (8)：57 -59．

[152] 宋雨河．农户生产决策与农产品价格波动研究 [D]．北京：中国农业大学，2015．

[153] 苏星．新中国经济史 [M]．北京：中共中央党校出版社，2007．

[154] 孙顶强，卢宇桐，田旭. 生产性服务对中国水稻生产技术效率的影响——基于吉、浙、湘、川 4 省微观调查数据的实证分析 [J]. 中国农村经济，2016 (8)：70 - 81.

[155] 孙天琦，魏建. 农业产业化过程中"市场，准企业（准市场）和企业"的比较研究——从农业产业组织演进视角的分析 [J]. 中国农村观察，2000 (2)：49 - 54.

[156] 孙新华. 村社主导、农民组织化与农业服务规模化——基于土地托管和联耕联种实践的分析 [J]. 南京农业大学学报（社会科学版），2017，17 (6)：131 - 139.

[157] 孙新华. 农业经营主体：类型比较与路径选择——以全员生产效率为中心 [J]. 经济与管理研究，2013 (12)：59 - 66.

[158] 孙长学，郭冠男. 转变农业发展方式的制度创新之路 [J]. 人民论坛·学术前沿，2014 (21)：86 - 95.

[159] 唐林，罗小锋，张俊飚. 购买农业机械服务增加了农户收入吗——基于老龄化视角的检验 [J]. 农业技术经济，2021 (1)：46 - 60.

[160] 仝志辉，温铁军. 资本和部门下乡与小农户经济的组织化道路——兼对专业合作社道路提出质疑 [J]. 开放时代，2009 (4)：5 - 26.

[161] 万广华，周章跃，陆迁. 中国农村收入不平等：运用农户数据的回归分解 [J]. 中国农村经济，2005 (5)：4 - 11.

[162] 万广华. 经济发展与收入不均等：方法和证据 [J]. 上海：上海人民出版社，2006.

[163] 汪爱娥，包玉泽. 农业产业组织与绩效总数 [J]. 华中农业大学学报（社会科学版），2014，112 (4)：70 - 75.

[164] 王慧玲，孔荣. 正规借贷促进农村居民家庭消费了吗？——基于 PSM 方法的实证分析 [J]. 中国农村经济，2019 (8)：72 - 90.

[165] 王克强，蒋振声. 从地产对农民的生活保障效用谈农村社会保障机制建设的紧迫性 [J]. 农业经济，2000 (2)：19 - 21.

[166] 王克强. 土地对农民基本生活保障效用的实证研究——以江苏省为例 [J]. 四川大学学报：哲学社会科学版，2005 (3)：5 - 11.

[167] 王兰芳，王苏生. 公开市场信号对创业投资决策和绩效的影响

[J]. 经济学（季刊），2010，10（1）：182-208.

[168] 王兰兰. 从中国发展看"农民"一词的英译 [J]. 考试周刊，2010（7）：40-41.

[169] 王利民，刘佳，季富华，等. 中国小麦面积种植结构时空动态变化分析 [J]. 中国农学通报，2019，35（18）：12-23.

[170] 王庆明. 西方景点小农理论范式的反思与重构——立足于转型中国的思考 [J]. 社会学评论，2015，3（2）：56-64.

[171] 王守华. 农村土地流转情况分析 [J]. 中国农业信息，2015，182（21）：136-137.

[172] 王曙光. 中国农民合作组织历史演进：一个基于契约—产权视角的分析 [J]. 农业经济问题，2010（11）：23-29+112.

[173] 王蔚，徐勤航，周雪. 土地托管与农业服务规模化经营研究——以山东省供销社实践为例 [J]. 山东财经大学学报，2017，29（5）：87-95.

[174] 王小华. 中国农民收入结构的演化逻辑及其增收效应测度 [J]. 西南大学学报（社会科学版），2019，45（5）：67-77.

[175] 王孝松，谢申祥. 国际农产品价格如何影响了中国农产品价格？[J]. 经济研究，2012（3）：141-153.

[176] 王新利，赵琨. 黑龙江省农业机械化水平对农业经济增长的影响研究 [J]. 农业技术经济，2014（6）：31-37.

[177] 王颜齐，史修艺. 组织化内生成本视角下小农户与现代农业衔接问题研究 [J]. 中州学刊，2019（9）：33-40.

[178] 王艳，李录堂. 基于委托代理理论下的"公司+农户"模式探索 [J]. 西北农林科技大学学报：社会科学版，2010（1）：43-46.

[179] 王阳. 中国农民专业合作组织发展研究 [D]. 成都：西南财经大学，2009.

[180] 王玉斌，李乾. 农业生产性服务、粮食增产与农民增收——基于CHIP数据的实证分析 [J]. 财经科学，2019（3）：92-104.

[181] 王玉斌. 促进农业生产性服务业创新发展 [N]. 经济日报，2020-12-03.

[182] 王志刚,申红芳,廖西元.农业规模经营:从生产环节外包开始——以水稻为例 [J].中国农村经济,2011 (9):4-12.

[183] 魏后凯.对中国乡村工业化问题的探讨 [J].经济学家,1994 (5):75-82.

[184] 魏修建,李思霖.我国生产性服务业与农业生产效率提升的关系研究——基于 DEA 和面板数据的实证分析 [J].经济经纬,2015,32 (3):23-27.

[185] 温琦.我国农业组织化研究:一个文献回顾与评析 [J].新疆农垦经济,2009 (1):79-83.

[186] 文迪波.小农经济向农业商品经济转化的条件和途径 [J].中国农村经济,1989 (10):15-22.

[187] 翁贞林.农户理论与应用研究进展与述评 [J].农业经济问题,2008 (8):93-100.

[188] 吴玲,周冲.基于股份制的农村土地经营模式探析 [J].当代世界与社会主义,2014 (5):101-104.

[189] 吴杨.我国农产品的国际竞争力评价及实证分析 [J].国际商务(对外经济贸易大学学报),2007 (1):48-53.

[190] 吴业苗.小农的终结与居村市民的建构:城乡一体化框架下农民的一般进路 [J].社会科学,2011 (7):62-71.

[191] 吴重庆,张慧鹏.小农与乡村振兴——现代农业产业分工体系中小农户的结构性困境与出路 [J].南京农业大学学报(社会科学版),2019,19 (1):13-24.

[192] 西奥多·舒尔茨.改造传统农业 [M].梁小民,译.北京:商务印书馆,1999.

[193] 夏明方.真假亚当·斯密——从"没有分工的市场"看近世中国乡村经济的变迁 [J].近代史研究,2012 (5):77-98.

[194] 肖皓,刘姝,杨翠红.农产品价格上涨的供给因素分析:基于成本传导能力的视角 [J].农业技术经济,2014 (6):80-91.

[195] 肖卫东,梁春梅.农村土地"三权分置"的内涵、基本要义及权利关系 [J].中国农村经济,2016 (11):17-29.

[196] 萧公权. 中国乡村——论19世纪的帝国控制 [M]. 张皓，张升，译. 北京：九州出版社，2018.

[197] 徐刚. 农业体制转换的制度根源：对一个农业制度变迁模型的改进 [J]. 经济研究，1997，(4)：38 - 48.

[198] 徐勤航，诸培新，曲福田. 小农户对接农业生产现代化的制度创新解析——以山东省纯化镇土地托管为例 [J]. 干旱区资源与环境，2019 (11)：77 - 82.

[199] 徐勤航. 土地托管与农业服务规模化经营研究——以山东省为例 [D]. 济南：山东财经大学，2017.

[200] 徐旭初，吴彬. 合作社是小农户和现代农业发展有机衔接的理想载体吗？[J]. 中国农村经济，2018 (11)：80 - 95.

[201] 徐旭初. 农民专业合作经济组织的制度分析——以浙江省为例 [D]. 杭州：浙江大学，2005.

[202] 徐旭初. 谈谈组织化小农 [J]. 中国农民合作社，2018 (11)：36.

[203] 严海蓉，陈义媛. 中国农业资本化的特征和方向：自下而上和自上而下的资本化动力 [J]. 开放时代，2015 (5)：49 - 69.

[204] 杨皓天，刘秀梅，句芳. 粮食生产效率的随机前沿函数分析——基于内蒙古微观农户层面1312户调研数据 [J]. 干旱区资源与环境，2016，30 (12)：82 - 88.

[205] 杨世芳，文会中，苏正芳. 非农化：农民增收的必然选择 [J]. 宏观经济研究，2001 (8)：26 - 28，52.

[206] 杨小凯. 经济学原理 [M]. 北京：中国社会科学出版社，1998.

[207] 杨勇，邓祥征，李志慧，等. 2000—2015年华北平原土地利用变化对粮食生产效率的影响 [J]. 地理研究，2017 (11)：1 - 12.

[208] 杨子，马贤磊，诸培新，等. 土地流转与农民收入变化研究 [J]. 中国人口·资源与环境，2017，27 (5)：111 - 120.

[209] 杨子，张建，诸培新. 农业社会化服务能推动小农对接农业现代化吗——基于技术效率视角 [J]. 农业技术经济，2019 (9)：16 - 26.

[210] 杨子. 农业社会化服务对土地规模经营行为及绩效的影响研究

［D］．南京：南京农业大学，2020.

［211］姚洋．中国农地制度：一个分析框架［J］．中国社会科学，2000（2）：54-65.

［212］叶敬忠，豆书龙，张明皓．小农户和现代农业发展：如何有机衔接？［J］．中国农村经济，2018（11）：64-79.

［213］叶敬忠，张明皓．"小农户"与"小农"之辩——基于"小农户"的生产力振兴和"小农"的生产关系振兴［J］．南京农业大学学报（社会科学版），2019，19（1）：1-12+163.

［214］叶宇航．我国农业生产性服务业发展对农民收入影响的实证研究［D］．成都：西南交通大学，2017.

［215］伊思静．改革开放以来中国农业就业份额变动研究［J］．科技经济导刊，2019，27（17）：209-210.

［216］尹成杰．关于农村全面建成小康社会的几点思考［J］．农业经济问题，2019（10）：4-10.

［217］于海龙，张振．土地托管的形成机制、适用条件与风险规避：山东例证［J］．改革，2018，290（4）：110-119.

［218］虞松波，刘婷，曹宝明．农业机械化服务对粮食生产成本效率的影响——来自中国小麦主产区的经验证据［J］．华中农业大学学报（社会科学版），2019，142（4）：81-89+173.

［219］张春华．城乡一体化背景下农业产业化组织形式研究［D］．武汉：华中师范大学，2012.

［220］张迪，张凤荣，安萍莉，等．中国现阶段后备耕地资源经济供给能力分析［J］．资源科学，2004，26（5）：46-52.

［221］张红宇．大国小农：迈向现代化的历史抉择［J］．求索，2019（1）：68-75.

［222］张红宇．农业生产性服务业的历史机遇［J］．农业经济问题，2019（6）：4-9.

［223］张红宇．实现小农户和现代农业发展的有机衔接［N］．农民日报，2017-11-21.

［224］张红宇．我国农民合作社的发展趋势［J］．农村工作通讯，

2020（21）：39－42.

[225] 张荐华，高军. 发展农业生产性服务业会缩小城乡居民收入差距吗？——给予空间溢出和门槛特征的实证检验 [J]. 西部论坛，2019，29（1）：45－54.

[226] 张露，罗必良. 小农生产如何融入现代农业发展轨道？——来自中国小麦主产区的经验证据 [J]. 经济研究，2018，53（12）：144－160.

[227] 张琪文. 农民专业合作社品牌化建设思考 [J]. 合作经济与科技，2021（8）：6－8.

[228] 张世花. 我国农业生产性服务业发展对农民收入的影响研究 [D]. 重庆：重庆工商大学，2019.

[229] 张晓山. 农村基层治理结构：现状，问题与展望 [J]. 求索，2016（7）：4－11.

[230] 张晓山. 农民专业合作社的发展趋势探析 [J]. 管理世界，2009（5）：89－96.

[231] 张鑫，谢家智，张明. 打工经历、社会资本与农民初创企业绩效 [J]. 软科学，2015（4）：140－144.

[232] 张忠军，易中懿. 农业生产性服务外包对水稻生产率的影响研究——基于358个农户的实证分析 [J]. 农业经济问题，2015，36（10）：69－76.

[233] 赵冈. 重新评价中国历史上的小农经济 [J]. 中国经济史研究，1994（1）：136－139.

[234] 赵光，李放. 养老保险对土地流转促进作用的实证分析 [J]. 中国人口·资源与环境，2014，24（9）：118－128.

[235] 赵鑫，张正河，任金政. 农业生产性服务对农户收入有影响吗——基于800个行政村的倾向得分匹配模型实证分析 [J]. 农业技术经济，2021（1）：32－45.

[236] 赵羿安. 非正式制度对中国经济发展影响研究 [D]. 长春：吉林大学，2020.

[237] 甄志宏. 正式制度与非正式制度的冲突与融合——中国市场化改革的制度分析 [D]. 长春：吉林大学，2004.

［238］郑风田．制度变迁与中国农民经济行为［M］．北京：中国农业科技出版社，2000.

［239］郑阳阳，罗建利．农户缘何不愿流转土地：行为背后的解读［J］．经济学家，2019（10）：104－112.

［240］郑也夫．特殊主义与普遍主义［J］．社会学研究，1993（4）：113－119.

［241］郑有贵．1978年以来农业技术政策的演变及其对农业生产发展的影响［J］．中国农史，2000，19（1）：91－98.

［242］中国大百科全书·经济学［M］．北京：中国大百科全书出版社，1998.

［243］钟甫宁．正确认识粮食安全和农业劳动力成本问题［J］．农业经济问题，2016（1）：4－9＋110.

［244］钟丽娜，吴惠芳，梁栋．集体统筹：小农户与现代农业有机衔接的组织化路径——黑龙江省K村村集体土地规模经营实践的启示［J］．南京农业大学学报（社会科学版），2021，21（2）：126－135.

［245］钟真，胡珺祎，曹世祥．土地流转与社会化服务："路线竞争"还是"相得益彰"？——基于山东临沂12个村的案例分析［J］．中国农村经济，2020（10）：52－70.

［246］钟真，谭玥琳，穆娜娜．新型农业经营主体的社会化服务功能研究——基于京郊农村的调查［J］．中国软科学，2014（8）：38－48.

［247］钟真．社会化服务：新时代中国特色农业现代化的关键——基于理论与政策的梳理［J］．政治经济学评论，2019，10（2）：92－109.

［248］周宏，王全忠，张倩．农村劳动力老龄化与水稻生产效率缺失——基于社会化服务的视角［J］．中国人口科学，2014（3）：53－65.

［249］周应恒，胡凌啸．中国农民专业合作社还能否实现"弱者的联合"？——基于中日实践的对比分析［J］．中国农村经济，2016（6）：30－38.

［250］周振，张琛，彭超，等．农业机械化与农民收入：来自农机具购置补贴政策的证据［J］．中国农村经济，2016（2）：68－82.

［251］朱琴芬．新制度经济学［M］．上海：华东师范大学出版社，2006.

［252］庄丽娟，贺梅英，张杰. 农业生产性服务需求意愿及影响因素分析——以广东省 450 户荔枝生产者的调查为例 ［J］. 中国农村经济，2011（3）：70 – 78.

［253］庄天慧，骆希. 小农生产主要特征，困境及与现代农业有机衔接路径研究——基于四川省的实证研究 ［J］. 农村经济，2019（11）：8 – 18.

［254］Adams M E, Ashworth V, Raikes P L. Agricultural supporting services for land reform ［J］. The Land and Agricultural Policy Centre, 2011（5）：49 – 59.

［255］Aigner D, Lovell C A K, Schmidt P. Formulation and estimation of stochastic frontier production function models ［J］. Journal of Econometrics, 1977, 6（1）：21 – 37.

［256］Alchian A A, Demsetz H. Production, information costs, and economic organization ［J］. American Economic Review, 1972, 62（14）：777 – 795.

［257］Alesina A, Rodrik D. Distributive politics and economic growth ［J］. Quarterly Journal of Economic, 1994（3）：465 – 490.

［258］Alston J M, Andersen M A, James J S, et al. Persistence pays: U. S. agricultural productivity and the benefits from public R&D spending ［M］. New York: Springer, 2010.

［259］Barry P J. Industrialization of US Agriculture: policy, research, and education needs ［J］. Agricultural and Resource Economics Review, 1995, 24（1）：128 – 135.

［260］Battese G E, Coelli T J. A model for technical inefficiency effects in a stochastic frontier production function for panel data ［J］. Empirical Economics, 1995, 20（2）：325 – 332.

［261］Becerril J, Abdulai A. The impact of improved maize varieties on poverty in Mexico: a propensity score – matching approach ［J］. World development, 2010, 38（7）：1024 – 1035.

［262］Becker G S, Murphy K M. The division of labor, coordination costs, and knowledge ［J］. Quarterly Journal of Economics, 1992, 107（4）：

1137 – 1160.

[263] Benin S. Impact of Ghana's agricultural mechanization services center program [J]. Agricultural Economics, 2015, 46 (S1): 103 – 117.

[264] Bouchard D, Chen X, Anderson G, et al. Evaluating cost of production of maine dairy farms using an on – site interview [C] //2015 AAEA & WAEA Joint Annual Meeting, July 26 – 28, San Francisco, California. Agricultural and Applied Economics Association, 2015.

[265] Bromley D W. Sufficient reason: volitional pragmatism and the meaning of economic [M]. Princeton: Princeton University Press, 2006.

[266] Browning H, Singelman J. The emergence of a service society: demographic and sociological aspects of the sectoral transformation of the labor force in the USA [R]. National Technical Information Service, 1975.

[267] Byres T J. The new technology, class formation and class action in the Indian countryside [J]. Journal of Peasant Studies, 1981, 8 (4): 405 – 454.

[268] Chen J, Guo H, Jin S, et al. Outsourcing agricultural production: evidence from rice farmers in Zhejiang Province [J]. Plos One, 2017, 12 (1): 1 – 16.

[269] Cheung S N S. Transaction costs, risk aversion, and the choice of contractual arrangements [J]. Journal of Law and Economics, 1969, 12 (1): 23 – 42.

[270] Coase R H. The nature of the firm [J]. Economica, 1937, 16 (4): 386 – 405.

[271] Coase R H. The problem of social cost [J]. Journal of Law and Economic, 1960, 3 (10): 1 – 44.

[272] Coeli T J, Battese G E. Identification of factors which influence the technical inefficiency of indian farmers [J]. Australian Journal of Agricultural Economics, 1996, 40 (2): 103 – 128.

[273] Coelli T J, Rao D S P. Total factor productivity growth in agriculture: a Malmquist index analysis of 93 countries, 1980 – 2000 [J]. Agricul-

tural Economics, 2005, 32 (S1): 115 – 134.

[274] Coelli T J. Estimations and hypothesis tests for a stochastic frontier function: A Monte Carlo analysis [J]. Journal of productivity analysis, 1995, 6 (3): 247 – 268.

[275] Dahlman C J. The problem of externality [J]. Journal of Legal Studies, 1979, 22 (1): 141 – 162.

[276] Demsetz H. Toward a theory of property rights [J]. American Economic Review, 1967, 57 (2): 347 – 359.

[277] Deolalikar A, Vijverberg W. The heterogeneity of family and hired labor in agricultural production [J]. Journal of Economic Development, 1983, 8 (2): 45 – 69.

[278] Emelianoff I V. Economic theory of cooperation: economic structure of cooperative organizations [M]. Davis, CA: Center for Cooperatives, University of California (reprint), 1942.

[279] Emmanuel D, Sekyere E O, Owusu V, et al. Impact of agricultural extension service on adoption of chemical fertilizer: implications for rice productivity and development in Ghana [J]. NJAS – Wageningen journal of life sciences, 2016 (79): 41 – 49.

[280] Enke S. Consumer cooperatives and economic efficiency [J]. The American Economic Review, 1945, 35 (1): 148 – 155.

[281] Farrell M J. The measurement of productive efficiency [J]. Journal of the Royal Statistical Society, Series A (General), 1957, 120 (3): 253 – 290.

[282] Francois J F. Producer services, scale, and the division of labor [J]. Oxford Economic Papers, 1990, 42 (4): 715 – 729.

[283] Fulton M. The future of canadian agricultural cooperatives: a property rights approach [J]. American Journal of Agricultural Economics, 1995, 77 (5): 1144 – 1152.

[284] Galor O, Stark O. Migrants' savings, the probability of return migration and migrants' performance [J]. International economic review, 1990,

31 (2): 463 – 467.

[285] Glanville J L, Paxton P. How do we learn to trust? A confirmatory tetrad analysis of the sources of generalized trust [J]. Social Psychology Quarterly, 2007, 70 (3): 230 – 242.

[286] Greenfield H I. Manpower and the growth of producer services [M]. New York: Columbia University press, 1966.

[287] Hansen M H, Morrow Jr L J, Batista J C. The impact of trust on cooperative membership retention, performance, and satisfaction: an exploratory study [J]. The International Food and Agribusiness Management Review, 2002, 5 (1): 41 – 59.

[288] Harris A, Stefanson B, Fulton M E. New generation cooperatives and cooperative theory [J]. Journal of cooperatives, 1996, (11): 15 – 28.

[289] Harry H P. Factor content of Canadian international trade: an input output analysis [J]. Journal of International Economics, 1977 (2): 209 – 211.

[290] Hayami Y, Kikuchi M. Asian village economy at the crossroads: an economic approach to institutional change [M]. Baltimore: Johns Hopkins University Press, 1981.

[291] Hu Z, Zhang Q, Donaldson J A. Famers' cooperatives in China: a typology of fraud and failure [J]. The China Journal, 2017 (1): 1 – 24.

[292] Ji Y, Yu X, Zhong F. Machinery investment decision and off – farm employment in rural China [J]. China Economic Review, 2012, 23 (1): 71 – 80.

[293] John H D, Roy A G. A concept of agribusiness [D]. Cambridge, MA: Harvard University, 1957.

[294] Leibenstein H. Allocative efficiency vs. "X – efficiency" [J]. American Economic Review, 1966, 56 (3): 392 – 415.

[295] Liu Y, Hu W. The influence of labor price change on agricultural machinery usage in Chinese agriculture [J]. Canadian Journal of Agricultural Economics, 2014, 62 (2): 219 – 243.

[296] Ma Z D. Urban labour – force experience as a determinant of rural occupation change: evidence from recent urban – rural return migration in China [J]. Environment and Planning A, 2001, 33 (2): 237 – 255.

[297] Meeusen W, van den Broeck J. Technical efficiency and dimension of the firm: some results on the use of frontier production functions [J]. Empirical Economics, 1977, 2 (2): 109 – 122.

[298] Mendola M. Agricultural technology adoption and poverty reduction: a propensity – score matching analysis for rural Bangladesh [J]. Food Policy, 2007, 32 (3): 372 – 393.

[299] Morduch J, Sicular T. Rethinking inequality decomposition, with evidence from rural China [J]. The Economic Journal, 2002, 112 (476): 93 – 106.

[300] Moser C M, Barrett C B. The disappointing adoption dynamics of a yield – increasing, low external – input technology: the case of SRI in Madagascar [J]. Agricultural Systems, 2003, 76 (3): 1085 – 1100.

[301] Mumtaz A B, Gopal B T. The effect of agricultural extension services: date farmers' case in Balochistan, Pakistan [J]. Journal of the Saudi society of agricultural sciences, 2018 (17): 282 – 289.

[302] Mwakasaka I A. Producer organizations and access to agricultural markets: the case of Mwanza Region in Tanzania [D]. Sokoine University of Agriculture, 2011.

[303] North D C. Institutions, institutional change, and economic performance [M]. Cambridge: Cambridge University Press, 1990.

[304] Phillips R. Economic nature of the cooperative association [J]. Journal of Farm Economics, 1953, 35 (1): 74 – 87.

[305] Popkin S L. The rational peasant: the political economy of rural society in Vietnam [M]. Oakland, CA: University of California Press, 1979.

[306] Prue K. Adam Smith's theory of growth and technological change revisited [J]. Contributions to Political Economy, 1993, 12 (1): 24 – 38.

[307] Ragasa C, Mazunda J. The impact of agricultural extension services

in the context of a heavily subsidized input system: the case of Malawi [J]. World development, 2018 (105): 25 – 47.

[308] Reinert K A. Rural nonfarm development: a trade-theoretic view [J]. Journal of International Trade and Economic Development, 1998 (4): 1 – 17.

[309] Richard W G. Factors Associated with the Development of Nonmetropolitan Growth Nodes in Producer Services Industries [J]. Rural Sociology, 2002, 67 (3): 416 – 441.

[310] Schultz T W. Institutions and the rising economic value of man [J]. American Economic Review, 1968, 50 (8): 1113 – 1122.

[311] Schultz T W. Origins of increasing returns [M]. Oxford: Blackwell Publishers, 1993.

[312] Sexton R. The formation of cooperatives: a game theoretic approach with implications for cooperative finance, decision making and stability [J]. American Journal of Agricultural Economics, 1986, 68 (2): 214 – 225.

[313] Shiferaw B, Hellin J, Muricho G. Improving market access and agricultural productivity growth in Africa: what role for producer organizations and collective action institutions? [J]. Food Security, 2011, 3 (4): 475 – 489.

[314] Shorrocks A, Slottje D. Approximating unanimity orderings: an application to Lorenz dominance [J]. Journal of Economics, 2002, 77 (1): 91 – 117.

[315] Staatz J. Farmer cooperative theory: recent developments [R]. ACS Research Report 84, Washington, DC: USDA, Agricultural Cooperative Service, 1989.

[316] Stigler G. The division of labor is limited by the extent of the market [J]. Journal of Political Economy, 1951, 59 (3): 185 – 193.

[317] Takeshima H, Nin P A, Diao X. Mechanization and agricultural technology evolution, agricultural intensification in Sub – Saharan Africa [J]. American journal of agricultural economics, 2013, 95 (5): 1230 – 1236.

[318] Verkaart S, Munyua B G, Mausch K, et al. Welfare impacts of

improved chickpea adoption: A pathway for rural development in Ethiopia? [J]. Food Policy, 2017 (66): 50 –61.

[319] Von Braun J. 全球化及其对小农户的挑战 [J]. 南京农业大学学报（社会科学版），2005 (2): 8 –22.

[320] Wan G. Accounting for income inequality in rural China: a regression – based approach [J]. Journal of Comparative Economics, 2004, 32 (2): 348 –363.

[321] Wang X, Yamauchi F, Huang J. Rising wages, mechanization, and the substitution between capital and labor: evidence from small scale farm system in China [J]. Agricultural Economics, 2016, 47 (3): 309 –317.

[322] Williamson O E. The economic institutions of capitalism: firm, markets, relational contracting [M]. New York: The Free Press, 1985.

[323] Yang J , Huang Z , Zhang X , et al. The rapid rise of cross – reional agricultural mechanization services in China [J]. American Journal of Agricultural Economics, 2013, 95 (5): 1245 –1251.

[324] Yang X, Borland J. A Microeconomic mechanism for economic growth [J]. Journal of Political Economy, 1991, 99 (3): 460 –482.

[325] Yang X, Ng Y K. Theory of the firm and structure of residual rights [J]. Journal of Economy Behavior and Organization, 1995, 26 (1): 107 –126.

[326] Young A. Increasing returns and economic progress [J]. The Economic Journal, 1928 (38): 527 –542.

[327] Zhao J. The political economy of farmer co – operative development in China [D]. Saskatoon: University of Saskarchewan, 2010.

[328] Zusman P. Constitutional selection of collective – choice rules in a cooperative enterprise [J]. Journal of Economic Behavior & Organization, 1992, 17 (3): 353 –362.